水利水电工程总承包交易模式创新研究

丁继勇　王卓甫　安晓伟◎著

中国建筑工业出版社

图书在版编目（CIP）数据

水利水电工程总承包交易模式创新研究／丁继勇，王卓甫，安晓伟著．—北京：中国建筑工业出版社，2017.12
ISBN 978-7-112-21521-8

Ⅰ．①水…　Ⅱ．①丁…②王…③安…　Ⅲ．①水利水电工程-承包工程-交易-研究　Ⅳ．①F407.9

中国版本图书馆 CIP 数据核字（2017）第 280801 号

本书基于项目增值视角，围绕水利水电工程总承包交易模式创新的若干关键问题展开研究和探讨，重点内容包括水利水电工程总承包模式选择与范围设计、水利水电工程总承包合同计价方式创新设计，以及水利水电工程总承包项目增值的分配机制。针对目前工程总承包联合体较为多见的现状，本书还较为深入地探讨了水利水电工程总承包联合体收益共享机制。

本书可供从事水利水电工程建设与管理的政府工作人员、工程管理实务工作者学习参考，也可供建设工程管理相关研究人员阅读借鉴。

责任编辑：刘晓翠　张　晶
责任校对：王　烨

水利水电工程总承包交易模式创新研究
丁继勇　王卓甫　安晓伟　著
*
中国建筑工业出版社出版、发行（北京海淀三里河路9号）
各地新华书店、建筑书店经销
北京嘉泰利德公司制版
北京圣夫亚美印刷有限公司印刷
*
开本：787×960毫米　1/16　印张：$11^1/_2$　字数：203千字
2017年12月第一版　2017年12月第一次印刷
定价：48.00元
ISBN 978-7-112-21521-8
（31185）

前　言
PREFACE

长期以来，我国水利水电工程建设基本采用传统的DBB交易方式，而这种交易方式在一些工程的应用中常常暴露出诸多弊端，已不能完全满足我国水利水电工程建设发展的需要，目前大量较为复杂的水利水电建设项目呼唤着工程总承包交易方式。然而，受传统观念影响，多年来工程界和理论界常将工程总承包与固定总价合同及其简单的治理结构相连，制约了工程总承包方式在不确定性较大的水利水电建设项目上的应用。事实上，工程总承包的最大优势是设计与施工结合，并为承包商优化工程提供动力、平台和空间，进而使项目增值。因此，从理论上讲不确定性大的工程项目可能更适合采用工程总承包，但是需要突破固定总价合同的框架，构建具有激励属性的合同计价方式，以在承发包方之间合理分配设计施工一体优化产生的利益或面临的风险，实现“双赢”。

基于这种观点，本书以项目增值为分析工具，研究水利水电工程总承包及其交易模式创新的若干关键问题，包括水利水电工程总承包应用决策，与水利水电工程总承包相匹配的合同计价方式设计及风险和利益的合理分配。在工程总承包与传统交易方式比较的基础上，重新界定了项目增值的概念；从工程交易要素分析入手，辨识了水利水电工程总承包的增值途径，构建了水利水电工程总承包增值效果分析矩阵，进而提出了水利水电工程总承包应用决策准则；通过比较经典合同计价方式在风险和利益分配方面的差异，借鉴谱分析等方法，提出了水利水电工程总承包合同计价方式设计方法，以及面向增值分配的水利水电工程总承包合同计价方式的三种可选方案；在分析承发包双方关系和目标差异的基础上，利用委托—代理理论，分析了承发包双方利益均衡，并提出了水利水电工程总承包项目增值分配的核心参数——增值分配比例的影响因素和确定方法；针对我国当前同时具有水利水电工程设计和施工能力的企业较少的现实情况，分析了联合体工程总承包的优越性及其主要组织形式，并基于博弈理论和模拟实验分析了水利水电工程总承包收益在联合体成员之间的共享分配机制，以及主体公平关切行为对联合体优化收益及其分配与谈判效果的影响。

通过上述研究，得到以下主要结论及成果：

（1）基于增值分析提出了水利水电工程总承包应用决策的一个更为直接的分析框架。作为一种主流的建设工程项目交易方式，工程总承包并非适用于所有工程项目。对具体的水利水电工程建设项目，是否适合实行工程总承包，需要进行科学决策。工程总承包的最大优势并不是采用固定总价合同，而在于设计施工一体化给总承包商提供优化平台和空间，工程总承包的最终目的是实现项目增值。基于这样的观点，本研究以项目增值为视角，在分析工程总承包相对于 DBB 方式的增值途径及增值效果的基础上，提出了水利水电工程总承包模式应用决策准则，与以往工程项目交易方式选择方法相比，基于增值分析的方法更为直接。

（2）结合水利水电工程的特点，有针对性地提出了水利水电工程总承包合同计价方式的创新设计方法和可选方案。水利水电工程总承包成功应用的关键之一是要设计出与水利水电工程总承包特点相匹配的合同计价方式作为支撑。为满足水利水电工程总承包的需要，本研究利用谱分析等方法，重点考虑水利水电工程“现场数据”不确定性大等特点，提出了水利水电工程总承包合同计价方式的创新设计方法和三种可选方案。

（3）提出了水利水电工程总承包项目增值分配比例的影响因素和分析方法。水利水电工程合同计价方式设计中需要确定的核心参数是项目增值分配比例。本研究在分析承发包双方关系和各自目标的基础上，利用委托—代理理论，分析承发包双方风险、利益均衡，提出了水利水电工程总承包项目增值分配比例的影响因素和实际工程中的确定方法。

（4）揭示了主体公平关切行为对水利水电工程总承包联合体收益共享机制的影响规律。我国当下同时具有工程设计和施工能力的企业较少，大多是设计企业和施工企业组成联合体的形式参与工程总承包。然而，联合体是一个较为松散的合作组织，工程总承包项目收益在联合体之间的合理分配，关系到工程总承包模式的优势能否得以充分发挥。本书研究基于博弈理论分析了水利水电工程总承包收益在联合体成员之间的分配机制，揭示了主体公平关切行为对联合体收益及其共享分配的影响规律。

期望本书研究所得成果能为水利水电工程总承包交易模式创新中关键问题的合理解决提供支撑，并对促进工程总承包在水利水电工程建设领域的推广应用和健康发展，以及丰富和完善水利水电工程总承包管理理论起到一定的推动作用。

本书是在河海大学工程管理研究所多项课题和学位论文研究的基础上完成的，部分内容已向期刊投稿，正在评审中。本书在撰写过程中参考了部分国内外专家学者的论文和著作，在此表示衷心的感谢。研究生王娜、翟武娟、陈晨、蔡珏芳为本书的撰写做了许多工作，在此一并表达谢意。水利水电工程总承包在实践应用和学术研究中还将不断发展、完善，限于笔者学识水平，本书不当之处难免，敬请同行专家、读者批评指正。

本书受到国家自然科学基金（71402045）和中央高校基本科研业务费专项资金（2014B01314）的资助。

丁继勇

2017 年 9 月于南京

jyding@hhu.edu.cn

目 录
CONTENTS

第1章 绪 论

1.1 研究背景及意义

1.1.1 研究背景

目前，我国仍处在水利水电工程开发建设的关键时期，但是与国外或者与国内其他行业相比，我国水利水电工程建设项目交易模式供应过于单一，制约着我国水利水电工程建设管理效率的提高。通过开展我国水利水电工程建设项目交易模式及相关制度创新，寻找或设计适合水利水电工程特点的项目交易模式和交易机制，成为我国水利工程建设管理改革发展中迫切需要研究的重点问题之一。

1. 国内外水利水电建设仍将出现高潮

我国水能资源世界第一，据中国大坝协会理事长汪恕诚在第五届世界水电大会上介绍，我国技术可开发装机 5.42 亿千瓦，目前我国水电资源开发利用程度已超过 50%,还具有较大的开发潜力。与此同时,众多业内人士认为,在“一带一路”战略推进中,水电“走出去”步伐将加快,有望出现新一轮爆发式增长。据国际行业预测,到 2050 年,全球水电装机容量将由现在的 10 亿千瓦“翻一番”至 20 亿千瓦，大部分待开发的水电资源集中在非洲、南美、南亚、东南亚等地，这也为中国水电全产业链“走出去”提供了良好的发展机遇。

“十二五”期间，我国中央一号文件首次聚焦水利建设，中央政治局召开史无前例的中央水利工作会议，系统地部署了我国水利改革发展全面工作，第一次将水利提升到关系经济、生态乃至国家安全的战略高度，并提出力争通过 5 至 10 年努力，从根本上扭转我国水利建设明显滞后的局面，力争今后 10 年内全社会的水利年平均投入比 2010 年高出一倍，并发挥政府在水利建设中的主导作用，将水利作为公共财政投入的重点领域，以推动我国水利实现跨越式发展[1]。

上述中央一号文件的出台和中央水利工作会议的召开，全面掀起了大规模的水利建设新高潮，这为我国水利改革发展提供了重要战略机遇期，努力走出一条中国特色水利现代化道路，是我国目前面临的一项重要而紧迫的任务。

在水利改革发展任务中，水利工程建设管理体制改革是重点之一。2011 年 11 月，水利部印发的《关于贯彻落实 2011 年中央一号文件和中央水利工作会议精神进一步加强水利建设与管理工作的指导意见》指出，要深化水利工程建设管理体制改革，加强水利工程建设管理，确保水利工程建设质量和安全。

实践表明，加大水利建设投入是物质基础，固然重要，但实现水利工程建设的科学管理是实现水利跨越式发展的基本保证。

2. 我国水利建设行业现行项目交易模式已不完全适应各类复杂的水利水电工程和“一带一路”战略需要，迫切需要发展工程总承包

大多数水利工程具有公益性，历来多由政府投资，并具有较大的不确定性，包括工程自身和建设条件的不确定性。政府投资和不确定性大也是很多水利水电工程与其他工程项目相比的突出特点，这决定了水利水电工程建设管理不能完全套用其他工程项目的管理模式。然而，长期以来，我国水利水电工程建设基本采用传统设计施工相分离的项目交易方式，即 DBB（Design-Bid-Build）方式。该交易方式的特点是，首先由工程设计方对工程进行工程设计，设计完成后组织施工招标，并确定施工方，最后是施工方按图施工。DBB 方式下，工程设计、施工分属不同主体，工程设计方根据勘察等手段获得的信息组织设计，对于一些较复杂、不确定性较大的水利水电工程，设计信息具有较大的不完备性，因此难以保证工程设计的精准度。为确保工程安全性，设计人员常放弃工程的经济性；此外，对于一些技术或建设条件复杂、不确定性较大的水利水电工程，在现行项目交易方式和设计费用计价机制下，设计人员不关心工程的“可建造性”，就没有条件和动力进行工程设计和施工的一体优化，以及利用施工过程反馈的信息完善或优化设计，以在保证工程质量的前提下降低工程造价、缩短建设工期，实现项目增值。因此，目前大量较为复杂的水利水电工程建设项目在呼唤着设计施工相结合的工程总承包交易方式及其发展。

随着我国市场经济的发展和改革开放的不断深入，一些新的建设管理体制或模式逐步出现，传统的 DBB 方式越来越暴露出其固有的投入高、效率低等诸多弊端，使理论界和实务界进一步认识到传统的 DBB 方式已不是能完全满足我国水利水电工程建设发展的最优交易方式。为提高我国水利水电工程建设管理水平，改变我国水利水电工程建设项目交易方式单一的局面，加快与国际工程项目交易方式的接轨，适应“一带一路”、中国水电全产业链“走出去”等国家战略的需要，水利水电工程建设项目交易模式创新势在必行，而发展工程设计施工总承包成为目前水利水电工程建设的发展契机。

3. 工程总承包在水利水电建设领域应用前景广阔

工程总承包模式（本研究指至少包括设计和施工的工程总承包，简称工程总承包模式），主要包括 DB（Design-Build）方式和 EPC（Engineering, Procurement and Construction）方式，在国际上开始流行于 20 世纪 80 年

代后期，并在随后的 20 多年内应用范围不断扩大，目前已成为国际建设工程领域的一种主流模式，并有进一步扩大应用范围的发展趋势。根据美国设计建造学会（DBIA）网站的报道，美国 RCD/RSMeans 市场情报公司于 2011 年开展了一项关于 DB 增长形势的研究，结果显示，2005 ～ 2010 年的 6 年之间，工程总承包模式在美国建筑市场上被采用的份额保持稳定增长，到 2010 年已达到 40%，其中军事建筑项目中这一比例高达 80%[2]。2014 年，他们又对该研究成果进行了更新，得到了过去 9 年（2005 ～ 2013 年）之间美国工程项目交易方式的市场份额及规模的数据，分别见表 1-1、图 1-1、图 1-2 和表 1-2[3]。

可以看出，工程总承包模式在美国多个行业的建设领域中被采用的份额都接近或超过 40%。其中政府项目中这一比例也在 35% 以上，军事建筑项目中这一比例仍高达 80%。

2005~2013 年美国工程项目交易方式的市场份额 **表 1-1**

Market share for each project delivery method Table 1-1

年份	DB	CM-at-Risk	DBB
2005	29%	4%	67%
2006	30%	3%	67%
2007	34%	3%	63%
2008	36%	4%	60%
2009	38%	7%	55%
2010	40%	6%	54%
2011	39%	4%	57%
2012	39%	4%	57%
2013	39%	9%	52%

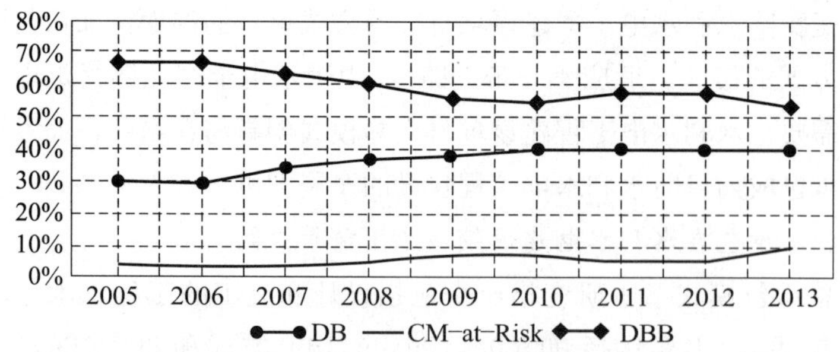

图 1-1 美国 2005 ～ 2013 年工程项目交易方式市场份额发展趋势（来源：DBIA 网站）

Fig.1-1 Market size of different project delivery methods (2005~2013)

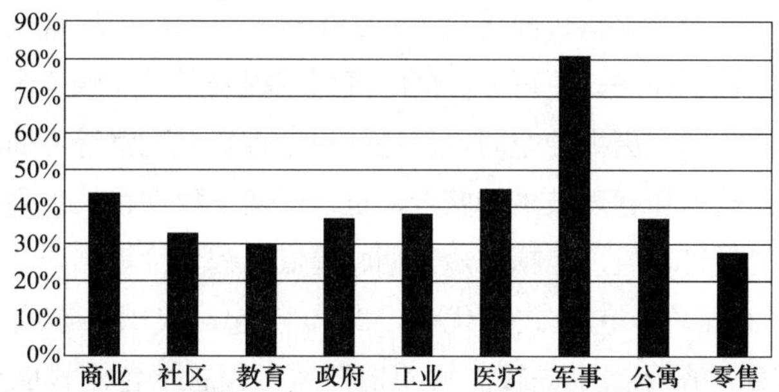

图 1-2 美国 2005 ~ 2013 年不同类别建筑项目 DB 市场份额（来源：DBIA 网站）
Fig.1-2 Market share of Design-Build by building categories by dollar value (2005~2013)

美国 DB 方式各年度市场份额（按项目价值区分） 表 1-2
Marker share for Design-Build by year for over and under $10million per project Table 1-2

年份	价值（美元）	以总价值计算的市场份额	年份	价值（美元）	以总价值计算的市场份额
2005	≥ 1000 万	0.37	2005	≤ 1000 万	0.20
2006	≥ 1000 万	0.37	2006	≤ 1000 万	0.21
2007	≥ 1000 万	0.42	2007	≤ 1000 万	0.21
2008	≥ 1000 万	0.45	2008	≤ 1000 万	0.23
2009	≥ 1000 万	0.49	2009	≤ 1000 万	0.24
2010	≥ 1000 万	0.52	2010	≤ 1000 万	0.25
2011	≥ 1000 万	0.51	2011	≤ 1000 万	0.22
2012	≥ 1000 万	0.53	2012	≤ 1000 万	0.21
2013	≥ 1000 万	0.53	2013	≤ 1000 万	0.20

相比之下，我国工程总承包模式的应用和推广整体上较为滞后。目前在石油化工、电力等行业应用相对较为广泛，而水利建设行业的应用则处于刚起步阶段。究其原因，主要与我国工程界和理论界对工程总承包的传统认识有关。传统认识认为，工程总承包方式总是与固定总价合同相关，并认为仅适用于不确定性较小的工程，如 FIDIC 编制的《Conditions of Contract for EPC/Turnkey Projects》（“银皮书”）的前言中就有类似的说明。而水利水电工程建设项目通常具有较大的不确定性，特别是地质条件复杂等引起的“现场数据”的不确定性，因此常认为水利水电工程不适宜采用工程总承包方式。实际上，这种认识是片面的。诚然，在固定总价合同下，一般不希望工程项目存在较大的不确定性。但工程总承包方式的最大优势绝不在于采用了固定总价合同（也不一定采用固定总价合同），而是将工程设计和施工整合，并发包给一个承包商。其优势在于，工程

设计施工融合后，给予总承包商优化工程的平台和空间，使现代工程技术应用更加精准，促进工程更经济、更可靠，同时降低工程安全风险或安全冗余；也可使现代管理技术的应用有更大的空间，促进建设过程资源配置等方面的优化，促进设计技术、施工技术和管理技术的整合，进而提高工程项目抗风险的能力和工程投资效益，实现项目增值，包括缩短工期、降低工程造价等。

针对应用工程总承包模式的优势，2009 年起，我国广东省先后选择了 8 个水利建设项目，在全国率先较大规模地开展工程总承包模式应用的试点。试点结果表明，较复杂的水利建设项目具有较大的不确定性，实行工程总承包后，优化技术，包括工程优化技术和管理优化技术的应用有更大的空间，可促进工程建设更经济、更安全[4]。南水北调东线江苏水源有限责任公司，承担了南水北调东线（江苏段一期）工程 100 多亿元工程建设任务，在未来工程项目建设过程中，也拟选择部分复杂工程采用工程总承包模式。

已有水利水电工程总承包实践表明，工程总承包模式（包括 DB、EPC 等），总体而言，是一种先进的工程建设组织方式，其具有设计施工责任主体一体化、外部协调内部化等特点，可促进工程质量水平提高、工程造价降低等目标的实现。当然，这种先进的项目交易方式要求水利建设行业突破传统管理制度和管理机制，需要重新设计与水利水电工程总承包相适应的合同风险、利益分配机制和项目治理体系。总之，从各方面来看，工程总承包模式在我国水利建设行业具有广阔的应用前景。

4. 工程总承包在我国水利水电建设中应用面临的关键问题

与石油化工等行业的建设工程项目相比，大中型水利水电工程建设项目通常具有两大特点：一是工程自身或建设条件较为复杂，并伴随较大的不确定性；二是水利水电工程建设项目大部分是公益性项目，并由政府投资。广东等地水利水电工程总承包实践表明，水利水电工程应用工程总承包这种交易方式目前面临四个方面的关键问题：

（1）正确认识水利水电工程总承包的问题。如上文所述，工程总承包模式目前一般总是与固定总价合同相关，因此，通常认为它适用于不确定性较小的工程项目。这种认识是片面的，事实情况可能恰恰相反，复杂程度较大 / 不确定性较大的项目更适合采用工程总承包。工程总承包模式下，通过设计和施工的整合并发包给一个承包方，为工程优化提供了空间和平台，能促进项目增值。因此，对复杂、不确定性较大的建设工程项目，不仅可以应用工程总承包模式，而且可能更有应用价值，关键决定于其是否有增值空间，以及如何合理分配不确定性引起的风险或利益、科学建立项目治理体系，即需要突破传统固定总价合同和项目治理体系框架，选择或设计支撑工程总承包发挥其优势的合同计价方式及治理体系，以合理分配风险和利益。

（2）水利水电工程总承包应用决策问题。工程总承包交易方式虽有一些明显的优势，但这些优势并不体现在所有水利水电工程上，即并不适用于所有水利水电工程。哪些水利水电工程建设项目应采用工程总承交易方式，或针对某一具体水利水电工程项目，是否适合采用工程总承包，这一问题有待深入研究。

（3）水利水电工程总承包项目中风险和利益分配问题。水利水电工程建设项目大都具有较大的不确定性，包括工程结构和建设条件的不确定性（如“现场数据”的不确定性），这既为发挥工程总承包交易方式的优势提供了空间，其背后也隐藏着较大的风险（或利益）。实践表明，当项目存在较大的不确定性，其风险（或利益）配置是否合理，通常是项目成败的关键因素。

（4）水利水电工程总承包项目治理体系优化问题。对于采用 DBB 交易方式的一般工程项目，设计方的工程设计不属承包性质，仅是工程设计后的施工实行承包，在这一条件下，项目治理结构及其制度安排相对简单。但是，对政府投资的水利水电工程建设项目，真正的项目“业主”缺位。实行工程总承包后，工程承包范围包括了工程设计，加之，水利水电工程多具有较大不确定性，因而此时项目治理体系设计或优化将更加复杂。

上述四方面的关键问题中，第一个属认识上的问题，后三个属实际应用中的问题，其中后三个问题的关系可描述如图 1-3 所示。

本研究基于上述背景，从我国水利水电工程总承包管理实践出发，针对不确定性较大的水利水电工程，研究其实行工程总承包面临的关键问题，包括水利水电工程总承包应用决策，以及风险和利益的分配问题，即图 1-3 中的关键问题一和关键问题二。第三个问题涉及我国政府项目管理体制，本研究暂不展开。

1.1.2 研究意义

长期以来，我国水利水电建设领域基本采用单一、传统的设计与施工相分离的交易方式，即 DBB 方式，使工程设计方既没有条件也没有动力去进行工程设计施工的整体优化，在一些水利水电建设项目上出现较为严重的浪费现象。随着社会主义市场经济的发展，水利水电建设领域这种单一交易方式一统天下的弊端越来越被人们所认识，引进工程总承包交易方式、创新和发展工程交易方式的呼声越来越高。然而，在传统观念的影响下，相当一部分人认为，工程

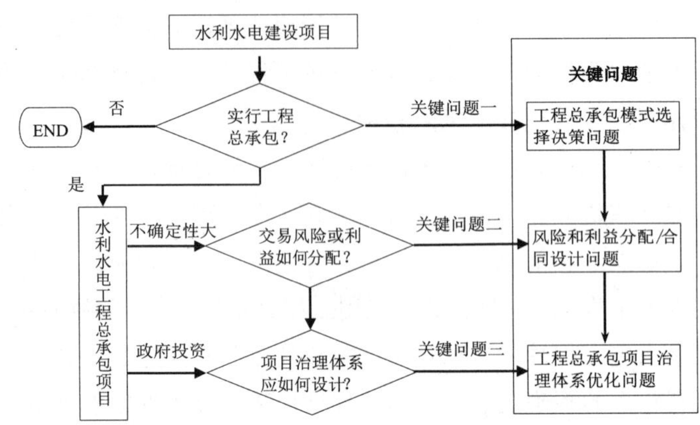

图 1–3 水利水电工程总承包面临的部分关键问题

Fig.1–3 Several key issues of Design–Build for water conservancy and hydropower projects

总承包就应采用固定总价合同，并适用于“现场数据”不确定性较小的工程项目。正是这种守旧、片面的认识，阻碍了工程总承包交易方式在政府投资、“现场数据”不确定性大的水利水电工程建设项目上的应用。事实上，工程总承包的最大优势并不在于采用固定总价合同，也不在于合同治理结构简单，而在于其将工程设计和施工整合，然后发包给一个承包商。实行工程总承包，可激发总承包商优化工程的积极性；设计与施工的结合，为总承包商优化工程提供了平台和空间。正是工程总承包交易方式存在的上述优势，使某些水利水电建设项目采用该交易方式后能产生明显的增值效果。我国广东省率先开展的水利水电工程总承包试点结果也表明，一些较为复杂、“现场数据”不确定性较大的水利建设项目，在实行工程总承包后，激发了承包商较大的优化工程的动力，并找到了一定的工程优化空间，使项目产生明显增值，显示了工程总承包在水利水电建设领域应用的强大生命力。但是，实践也表明，对实行工程总承包的水利水电建设项目，特别是“现场数据”不确定性较大的水利水电工程总承包项目，还存在这样一个关键问题，即如何突破传统固定总价合同、单价合同的框架，对设计施工优化中产生的利益或面临的较大风险在承发包方之间进行合理分配，构建具有激励属性的合同计价机制，以期既能激励承包方优化工程或积极应对风险，又能降低发包方的工程支付，实现双方“共赢”。

鉴于此，本研究结合我国水利水电工程建设管理发展需要，以项目增值为分析工具，研究水利水电工程总承包交易模式创新的关键问题，以期为工程总承包交易方式在水利水电工程建设领域的有效应用和发展提供理论支撑，进而促进我国水利水电建设水平的提高。同时，本书的研究也能丰富或完善我国水利水电工程总承包管理理论。结合研究背景，本书的研究对于促进水利水电建设行业正确认识工程总承包、推动工程总承包在我国水利水电建设中健康发展的基础性理论研究、完善我国现代水利水电工程建设管理理论体系均具有重要的理论意义，对于深入贯彻落实2011年中央一号文件和中央水利工作会议精神、提高我国水利水电工程建设管理水平、加快与国际工程交易方式的接轨、提升我国水利水电开发企业的国际竞争力均具有重要的实践价值。

1.2 国内外相关领域研究现状及评述

本书对我国水利水电工程总承包中面临的关键问题展开研究，涉及水利水电工程总承包交易方式、项目 / 合同风险和利益分配等方面。水利水电工程建设项目属工程项目的一类，因此水利水电建设项目工程总承包的研究不应只关注水利水电建设领域的相关文献，还应借鉴其他工程建设领域的研究成果。基于这种思想，本研究主要关注各行业建设领域中工程交易方式及工程总承包、工程项目 / 合同风险和利益分配等方面的相关研究成果。其中，工程项目 / 合同风险和利益分配主要涉及合同计价方式和合同激励机制，因此，也需要对这两个方面的研究成果进行分析，以为本书的研究奠定基础。

1.2.1 建设工程交易方式与工程总承包的研究

1. 建设工程交易方式比较与选择研究

工程项目实施成功的关键因素之一是项目实施规划的制订，而这个规划的核心是项目交易方式（Project Delivery Method，PDM）及合同策略[5]。其中，PDM不仅定义了工程项目参与各方的角色和责任，也从设计、采购和施工等活动的顺序方面确定了项目实施框架。对一个具体工程项目而言，PDM选择的合理性极大地影响着该项目的实施效率，因而被视为工程项目的一个关键成功因素[6]。同时，PDM对促进建设行业产出成果的创新也具有十分重要的作用[7]。在Blayse识别的影响建设行业创新的六项主要因素中，PDM被列在第四位[8]。多项研究均指出，PDM很大程度上决定了工程项目参与各方的责任、义务和权利结构的整体框架，同时也决定了项目的建设速度、成本、工程质量与合同管理方式[9,10]。因此，选择一个合理的PDM能够有效地提高工程项目绩效[11,12]。

20世纪60年代开始，工程建设行业都在寻找有效的PDM，以最大化工程项目绩效。目前,国际上已出现多种经典的PDM,包括DBB、DB、CMR(CM-at-Risk)和EPC等及其衍生方式（其中DB和EPC均属于工程总承包交易方式），而社会的发展和科技的进步也在催生着新的PDM。如，随着建筑信息模型（Building Information Model，BIM）技术的逐渐成熟，一种新的PDM——综合项目交付（Integrated Project Delivery，IPD）开始逐渐被人们接受[13, 14]。20多年来，许多学者围绕已有的各种PDM展开研究，相关成果逐渐丰富。从已有研究成果来看，建设工程交易方式的研究主要集中在建设工程交易方式的绩效比较、选择及创新设计等方面。

在建设工程交易方式的绩效比较研究方面，目前学者就DB与DBB方式的绩效比较研究相对较多。在众多研究中，影响较大的仍是20世纪美国宾夕法尼亚州立大学Konchar等和英国里丁大学Bennett等的实证研究。Konchar和Sanvido受美国建筑业学会(Construction Industry Institute，CII)的委托，在美国范围内收集了351个建设工程的各项数据，从费用、进度、质量三方面对DB、DBB和CMR三种主要的项目交易方式进行了对比研究，结果显示，DB项目在费用和进度方面占有优势,在质量方面,其也不处于劣势,有时甚至更好[15]。Bennett等在英国范围内开展了类似研究，得出了类似的结论[16]。进入21世纪以来，不同PDM的项目绩效比较问题仍一直吸引着很多研究者。研究最多的仍是DBB和DB两种最经典的方式，而研究的具体项目类型从房屋建筑领域扩展到交通、水务等其他领域，表1-3对比了DB和DBB绩效比较的主要研究成果。

DB和DBB方式绩效比较研究结果对比 **表1-3**

Result comparison of studies comparing the performance of DB and CBB Table 1-3

文献（年份）	研究的项目类型	绩效比较结果（DB与DBB相比）		
		成本	进度	其他指标
Bennett[16]（1996）	房屋建筑	单位成本低13%	建设速度快12%；交付速度快30%	
Konchar和Sanvido[15]（1999）	房屋建筑	单位成本低6%；成本增长低5.2%	进度增长低11.4%；建设速度快12%；交付速度快33%	
CII and NIST[17]（2002）	工业建筑		进度增长明显更低	工程变更和返工明显更少
Ibbs et al.[18]（2003）	房屋建筑	DB和DBB的成本增长分别为7.4%，0.4%	DB和DBB的进度增长分别为4.1%，6.5%	

续表

文献（年份）	研究的项目类型	绩效比较结果（DB 与 DBB 相比）		
		成本	进度	其他指标
Gransberg et al.[19]（2003）	房屋建筑	成本增长低 4.5% ~ 16.2%；单位成本低 21.5%	进度增长低 19%	
Hyun et al.[20]（2008）	公众多户家庭住宅			设计绩效明显更优
Rosner et al.[21]（2009）	空军军事建设项目	DB 和 DBB 的成本增长分别为 4.52%，6.42%；DB 的单位成本更高	DB 的工期更长	
Hale et al.[22]（2009）	海军士兵宿舍	成本增长明显更优	进度增长低 50%	
FHWA[23]（2006）	高速公路	DB 和 DBB 的成本增长分别为 7.4%，3.6%；总成本 DB 比 DBB 低 3%	DB 和 DBB 的进度增长分别为 4.2%，4.8%；工期 DB 短 14%	
Shrestha et al.[24]（2007）	大型高速公路	DB 和 DBB 的成本增长分别为 −5.47%，4.12%	DB 和 DBB 的进度增长分别为 7.59%，12.88%	DBB 项目在工程变更上优于 DB 项目
Shrestha et al[25]（2012）	大型高速公路	DB 和 DBB 的平均总成本增长 7.8% 和 6.3%	DB 和 DBB 的平均总进度增长分别为 20.5%，5.1%	平均工程变更数量分别为 25 和 65
WDBC[26]（2009）	水 / 废水项目	DB 和 DBB 项目中在预算内完成的项目比例分别为 38% 和 20%	DB 和 DBB 项目中及时或提前完工的项目比例分别为 41% 和 36%	
Shane et al.[27]（2013）	水 / 废水项目	DB 项目合同签约后的进度增长中位数是 DBB 项目的一半	DB 项目在合同价上或低于合同价完工的项目比例是 DBB 项目的两倍	质量没有差异

建设工程交易方式的选择或设计方面，目前绝大部分研究并没有传承不同 PDM 下项目绩效宏观比较的思路，而是从 PDM 选择的影响因素入手，然后利用层次分析法（AHP）[28]、模糊方法[29]和多属性理论[30]等方法，研究经典 PDM 的选择问题。Tan 认为交易方式的选择取决于四方面的因素：业主方是否需要承包方的前期介入、是否需要业主方设计人员的介入、业主方是否具备足够的建筑知识、是否需要业主方具备工程合同管理能力[31]。Mafakheri 等则认为，交易方式选择的主要影响因素除成本、工期、质量、工程规模、项目复

杂性外，还包括范围变更、经验、价值工程、财务保证、风险管理、独特性等[32]。Lahdenpera 等通过研究发现道路工程交易方式的适用性取决于项目的属性和约束[33]。陈勇强教授及其研究团队利用问卷调查和 DEA 等方法对中国建筑业交易方式进行了分析[34]，从项目、组织、环境和其他四个方面分析归纳了交易方式选择的影响因素，提出了交易方式的三层次选择法[35]。在此基础上，他们又综合利用 DEA 和 ANN 方法构建了更加精确的工程项目交易方式选择模型[36]。王卓甫等在建设工程交易要素分析的基础上，将 PDM、建设工程合同和业主方管理视为一个整体，并将其统筹到一个模型下，利用系统的评价方法，研究了它们的选择问题，并提出了 PDM 设计的理念[37, 38]。

2. *工程总承包交易方式相关研究*

专门针对工程总承包交易方式的研究可分为理论研究和实证两个主要方面。其中，理论研究主要从价值链角度、供应链角度、制度经济学角度进行[39]。Cushman 等将工程总承包在国际上流行原因其归结为：①现代投资环境要求工程项目工期更快、质量更高，而业主方对 DBB 方式和执行模式的管理效率及实施效果缺乏信心；②近期不论是英美等发达国家和地区，还是中东地区等发展中国家，政府投资工程建设项目越来越多地采用工程总承包模式；③学术界的理论研究促进人们进一步认识到工程总承包模式的优势，为工程总承包的广泛应用提供了坚实的理论支撑；④逐渐成熟的管理程序及完善的合同范本，促进了工程总承包的发展和被广泛接受[40]。Anumba 分析了 DB 总承包模式的优缺点，提出用一个多功能矩阵来整合项目的各参与方，以在项目的前期就解决一些潜在的问题，提升项目的价值[41]。常陆军从设计与施工整合的角度出发，研究工程采购模式的变革动因，指出工程总承包的优势主要表现在设计与施工的整合[42]。Yeo 和 Ning 对工程总承包方式中的 EPC 模式的本质和特征进行了研究，提出了用供应链管理和关键链管理来提升这种模式的价值[43]。刘少兵探讨了工程总承包的制度效率及其实现，认为工程总承包减少了因多次招标选择承包商而发生的信息搜寻成本、谈判成本，以及签订合同的成本；通过内部协调，降低了协调成本，促进了合作，从而节约交易费用，实现社会效益最大化[44]。Lam 等应用多元统计分析方法对影响 DB 项目成功的时间、成本、质量和功能性等决定性因素进行了分析[45]。王学通在其博士论文中，对我国工程总承包交易方式不确定多属性决策（UAMDM）的机理进行了剖析，构建了总承包工程交易模式 UMADM 问题的概念模型[46]。Shorney-Darby 专门针对水务 / 废水工程的 DB 方式进行了系统研究，内容几乎涉及 DB 方式在水务 / 废水工程应用的各个方面[47]。蔡绍宽等从以设计为龙头的水电工程EPC总承包项目管理模式、总承包商的主要管理内容与任务等11个方面对水电工程EPC总承包项目管理理论与实践进行了较为系统的分析研究[48]。

实证研究方面，主要的研究文献集中于与传统DBB方式比较的实证研究，专门针对工程总承包的实证研究相对少见。Songer等调查了108个发包人对采用DB方式的态度，调查对象中，37%属私人部门，63%属公共部门。调查结果显示，公共部门和私人部门的发包人普遍将缩短工期、降低造价、便于施工和减少索赔争端等方面作为选择DB方式的理由[49]。Oliveira在其博士论文中对DB总承包进行了详细分析，并对工程总承包在南内华达州与亚利桑那州及犹他州的公共工程建设中的应用情况进行了比较、分析，认为DB方式相对于传统项目交易方式有5个优点：①施工方和设计方之间有更良好的关系；②能让承包方在项目前期就确定建设方法并及早地进行成本控制；③项目交付过程中责任单一；④在设计阶段，承包方有更大的积极性；⑤加快工程建设速度，缩短工程建设工期。并建议以后在新的公共工程项目中应用DB方式[50]。中国勘察设计协会建设项目管理和工程总承包分会曾全面回顾了我国建设工程交易制度的发展历程，并对我国工程总承包应用情况进行了详细调研，总结了我国工程总承包的开展情况。通过中国石化工程建设公司以工程总承包建设的长岭、福建等地六套聚丙烯项目，以及中铁二院总承包的达成铁路西段等20多个具体案例，说明了工程总承包在缩短工程项目总工期、降低工程项目总成本等方面的作用[39]。罗甲生等[51]以广州新光快速路为例对工程总承包中设计施工联合体方式的实践进行了分析。在该快速路项目中，设计施工联合体取得了明显成效：①精简了公司机构，充分利用社会力量提供专业化的服务；②严格控制了预算外费用；③设计方与施工方密切合作，打破了原有条块分割的格局，优势互补，同时也减少业主方多头管理的负担；④在设计施工联合体优化设计及施工方案这一内在机制的作用下，项目成本得到有效降低，这一点在技术难度大的新光大桥中得到了充分体现；⑤成立新光快速路公司，明确了项目法人，明晰了项目权力和责任。

此外，丁继勇等[52]的研究指出，水利建设项目并非都不适合工程总承包，只是应创新相应交易模式，以适应水利工程特殊性，发挥水利工程总承包的增值优势。基于上述观点，作者分析了工程总承包在国内外推行应用状况，总结了我国30多年来先后出台的一系列推动工程总承包发展的规定、办法或指导性文件（此处在文献[52]基础上进行更新，列举部分代表性文件见表1-4），并在此基础上凝练了我国水利工程总承包模式创新的关键科学问题。

我国工程总承包相关政策文件 **表 1–4**

年份	文件名称	颁发部门	相关内容
1984	关于改革建筑业和基本建设管理体制若干问题的暂行规定（国发[1984]123 号）	国务院	各部门、各地区都要组建若干个具有法人地位、独立经营、自负盈亏的工程承包公司，对项目建设的可行性研究、勘察设计、工程施工、生产准备等直到竣工投产实行全过程的总承包或部分承包
1987	关于设计单位进行工程建设总承包试点有关问题的通知（计设[1987]619 号）	国家计委、财政部等	批准了广东建设承包公司（广东省建设设计院）、中国武汉化工工程公司等 12 家设计单位作为总承包试点单位
1992	设计单位进行工程总承包资格管理的有关规定（建设[1992]805 号）	建设部	先后有 560 家设计单位领取了甲级工程总承包资格证书，2000 余家设计单位领取了乙级工程总承包资格证书
2003	关于培育发展工程总承包和工程项目管理企业的指导意见（建市[2003]30 号）	建设部	从推行工程总承包和工程项目管理的重要性和必要性、工程总承包的基本概念和主要方式，以及进一步推行的措施等方面提出指导意见
2005	建设项目工程总承包管理规范（GB/T 50358—2005）	建设部、国家质量监督检验检疫总局	规范的主要内容包括：工程总承包管理的内容与程序，工程总承包管理的组织，项目策划，项目设计管理，项目采购管理，项目施工管理，项目试运行管理，以及项目合同管理等
2011	关于印发《建设项目工程总承包合同示范文本（试行）》的通知（建市[2011]139 号）	住房和城乡建设部、国家工商行政管理总局	为促进建设项目工程总承包的健康发展，规范工程总承包合同当事人的市场行为，两部门联合制定了该合同示范文本，自 2011 年 11 月 1 日起试行
2011	关于印发简明标准施工招标文件和标准设计施工总承包招标文件的通知（发改法规〔2011〕3018 号）	国家发展改革委、财政部、水利部等九部委	《标准设计施工总承包招标文件》为 2012 年版，适用于设计施工一体化的总承包招标，自 2012 年 5 月 1 日起实施
2014	住房城乡建设部关于推进建筑业发展和改革的若干意见（建市[2014]92 号）	住房和城乡建设部	加大工程总承包推行力度。倡导工程建设项目采用工程总承包模式，鼓励有实力的工程设计和施工企业开展工程总承包业务。为推行工程总承包创造政策环境
2015	公路工程设计施工总承包管理办法（中华人民共和国交通运输部令 2015 年第 10 号）	交通运输部	国家鼓励具备条件的公路工程实行总承包，可以实行项目整体总承包，也可以分路段实行总承包。项目法人可以根据项目实际情况，确定采用总承包的范围
2016	住房城乡建设部关于进一步推进工程总承包发展的若干意见（建市[2016]93 号）	住房和城乡建设部	围绕进一步推进工程总承包发展，从 4 个方面提出了 20 条政策和制度措施。提出工程总承包一般采用“设计—采购—施工”或者“设计—施工”总承包模式。政府投资项目和装配式建筑应当积极采用工程总承包模式

续表

年份	文件名称	颁发部门	相关内容
2017	国务院办公厅关于促进建筑业持续健康发展的意见（国办发[2017]19号）	国务院办公厅	装配式建筑原则上应采用工程总承包模式。政府投资工程应完善建设管理模式，带头推行工程总承包。加快完善工程总承包相关的招标投标、施工许可、竣工验收等制度规定
2017	建筑业发展“十三五”规划	住房和城乡建设部	发展行业的工程总承包、施工总承包管理能力，培育一批具有先进管理技术和国际竞争力的总承包企业
2017	住房城乡建设部关于发布国家标准《建设项目工程总承包管理规范》的公告	住房和城乡建设部	批准《建设项目工程总承包管理规范》为国家标准，编号为GB/T 50358—2017，自2018年1月1日起实施。原国家标准GB/T 50358—2005同时废止
2017	住房城乡建设部关于工程总承包项目和政府采购工程建设项目办理施工许可手续有关事项的通知（建办市[2017]46号）	住房和城乡建设部	是对《国务院办公厅关于促进建筑业持续健康发展的意见》（国办发[2017]19号）中相关内容的落实，对工程总承包项目的施工许可办理进行了明确，有利于进一步消除工程总承包项目办理施工许可的障碍

注：本表是在文献[52]基础上更新而得。

针对工程总承包在我国发展整体滞后的问题，一些学者也做了探讨。黄居林基于制度变迁视角，分析了我国推广工程总承包模式进程缓慢的几个原因，指出关键因素在于“鸡蛋相生”困境、较高的预期成本，以及外部性和路径依赖等，并由此提出加快我国工程总承包模式推广应用的三条建议[53]。

在水利建设领域，丰景春等基于价值链理论和制度变迁理论，分别分析了水利工程总承包模式的价值增长原理，以及我国水利工程总承包模式发展缓慢的原因，在此基础上分析了水利工程总承包模式发展的动力因素，建立了发展动力模型，并通过调查问卷开展了实证分析[54]。边立明分析了目前水利建设工程总承包模式应用所面临的问题：合同计价方式的创新问题，项目完工结算和工程审计、工程竣工移交制度的冲突问题，以及水利工程总承包市场和相关制度的创新发展问题，并据此提出了在水利建设领域加快推广工程总承包模式的策略[55]。王卓甫、简迎辉等还研究了水利工程总承包模式选择与合同计价问题[56-58]。

1.2.2 工程项目（合同）风险／收益分配相关研究

1. 工程项目（合同）风险／利益分配研究

工程项目风险分担作为风险处置的措施之一，一般定义于合同条件中[59]。但是，合同的起草者总是试图将更多风险转移给对方[60]，从而导致双方在达成一致协议前所需的谈判时间和成本均居高不下。因此，相对于其他风险处置措施，风险分担是项目风险管理研究中更受关注的重点。

工程项目风险分担是项目风险责任或利益的划分过程，具有激励功能[61]。大量的研究已经证明，恰当地分担风险能节约项目成本和时间[62]。对于工程项目风险在合同双方之间如何合理分担，国际学术界还没有统一的认识，但可归纳为一些相似的基本原则。Vega 认为，风险分担原则的基本思路是要使不同的项目参与者能达到互惠互利、共赢的目标[63]。代春泉认为，对于工程项目合同风险的分配，有三种普遍认可的原则，即可预见性风险分配原则、可管理性风险分配原则及法经济学风险分配原则[64]。罗春晖认为，基础设施私营投资项目中的风险分担应遵循风险分担与控制力相对称，风险分担与收益相对称，以及风险分担与投资者参与程度相协调的原则[65]。准公共产品市场供给的最普遍的模式是 PPP 模式，其风险分配应遵从三个主要原则：一是风险与控制力相对称原则，即由对风险最有控制力的一方控制相应的风险；二是风险与收益相对称原则，即承担的风险程度与所得回报相匹配；三是上限原则，即承担的风险要有上限[66]。刘新平也认为，PPP 项目风险分担应该由对风险最有控制力的一方控制相应的风险，承担的风险程度与所得回报相匹配，承担的风险要有上限[67]。张水波[68]和 Crampes[69]均提出项目参与者的风险态度对风险分担谈判和结果有重要作用。

从上述风险分担原则可以看出，大部分学者认为风险和收益应该达到对称状态，即享有的利益理应大于承担风险的成本。这些原则因其在理论上的合理性而得到广泛的支持和接受，但理论上的原则需要与具体情况相结合才能发挥其作用[70]。工程项目风险的合理分配，并没有绝对的原则和标准，而是在基本原则的基础上，根据工程项目的具体条件，以及相关参与方对风险的偏好进行，并应体现现代工程管理的先进理念和理论，如“伙伴关系”、“风险共担、利益共享”等[71]。Barnes 在讨论工程合同中风险分配的原则后，提出了风险分配的一种算法[72]。

此外，Oudot 将风险分担对项目总体成本的影响归结为三个效应，即生产成本效应、交易成本效应和风险承担成本效应。其中，生产成本效应是指风险分担可以激励承担者有效地控制风险，降低风险发生概率，减少项目生产成本；交易成本效益是指如果具有明确的风险分担准则和格局，会避免双方在这个问题上的复杂谈判，减少谈判时间和成本；而风险承担成本效应则指承担风险的一方会要求相应的风险补偿，从而导致项目成本的增加[73]。Chapman 和 Ward

研究了给定业主方和承包方不同风险厌恶度条件下成本补偿合同和固定价格合同的风险效率，并在一个均值—方差框架中讨论了风险的有效分配问题[74]，他们还提出了平衡的激励和风险分配方法（Balanced incentive and risk sharing，BIARS）[75]。Charoenngam 和 Yeh 识别了典型的施工风险并对 FIDIC 合同条件和台湾水电建设工程合同条件进行了比较[76]。

2. 工程总承包项目（合同）风险 / 利益分配研究

目前，针对工程总承包交易方式下工程风险或收益分配的研究仍较为鲜见，但随着实践中采用工程总承包交易方式的项目逐渐增多，其风险或收益分配开始成为学术界的一个研究热点。经过多年的理论研究与实践，国际上逐渐形成的一个基本原则是：风险分担应能激励合同双方努力使自身收益最大化的同时也能有利于完成项目的总体目标，此即学术界所称的“激励兼容原则”[77]。然而，实际设计的风险分担却并非如此，工程总承包模式下风险分配与通常的专业工程施工合同差异很大[78]，总承包商承担了大部分的风险。国内现有研究基本上以当前影响力最大的 FIDIC 合同条件为基础，但 FIDIC 的“银皮书”在风险分摊方面是“亲业主方”的，而“新黄皮书”和其他各类总承包合同范本则可以被认为是“亲承包商”的，因此 FIDIC 的标准合同条件并不完全适合我国[4]。楼海军从国际总承包工程项目风险管理的角度出发，结合 FIDIC《设计、采购、施工（EPC）/ 交钥匙工程合同条件》，探讨了国际 EPC/ 交钥匙工程合同双方风险分担机制和原则。从合同价格模式、现场数据、设计责任、不可预见困难、业主方风险等方面，总结出 EPC 项目新的风险分担原则，即业主方过错无责任原则和承包商无限风险原则[79]。陈娜等人从业主方角度讨论了风险分配问题，通过建立风险分担的激励模型，推导出业主方提供的奖励与承包商承担的风险份额呈一定数量关系，并分析了影响业主方风险承担的因素[80]。

与工程总承包项目相比，PPP/BOT 项目合同风险分配的研究成果较为丰富，其在一定程度上可为工程总承包项目风险分配提供借鉴。Chan 等的实证研究表明，中国 PPP 项目中三个最重要的风险因素是政府干预、政府腐败和糟糕的公共决策过程，政府的干预和腐败可能是中国 PPP 项目成功的主要障碍[81]。柯永建的研究认为，PPP 项目风险分担原则已经较为完备，但是在实际运用中这些原则存在互相重叠、甚至互相矛盾的地方，其将目前较为普遍的风险分担方法归纳为两大类：一是通过问卷调查、专家访谈统计各方对各项目风险的承担比例，通过比较平均值反映出这一风险的倾向性；二是通过建立博弈等数学模型寻求风险分担的最优解，确定关键风险在公营部门和私营部门之间分担的数量[82]。杜亚林、尹贻林提炼出了 PPP 项目风险分担的三种基本研究路径，即理论推演、理论应用和实践总结，得出 PPP 项目风险分担研究具有三个薄弱环节，即风险分担过程评价、风险分担比例的确定以及风险分担与其他方面的关联关系[83]。此外，柯永建等[84]和邓小鹏等[85]也分别对 PPP 项目风险分担的原则和分担机制等方面进行了研究。

1.2.3 建设工程合同计价方式相关研究

如何分担工程项目合同中的风险将会直接影响到项目的最终成本，而选择一个适合项目环境和特点（包括项目风险和信息的完整性）的合同类型（合同计价方式）是激励承包商完成预期成果和达到预定目标的重要保证[86, 87]。

通常建设工程合同分为总价合同（Lump Sum Contract）、单价合同（Unit Price Contract）、成本加成合同（Cost-Plus Contract）和保证最高价合同（Guaranteed Maximum Price）等[88]。其中对固定总价合同和成本加成合同的研究相对较多。

在传统的固定总价合同中，业主方依据合同规定的工作内容支付承包商固定的合同款，承包商承担成本超支的所有风险。根据经济激励理论关于承包商一般为风险厌恶的假设，他会通过意外事件的定价寻求保护，去处理工程项目的不确定性[89]。Levine 等认为，固定总价合同抑制了承包商成本超支，因此可以激励承包商为降低成本付出最优努力水平，并且建议降低成本的激励必须和合同条款内规定的风险成本的增加进行权衡，而不能一味地把风险均转移给承包商[90]。Levitt 等[91]认为，在固定总价合同的框架下，承包商将趋于保守，不敢轻易应用创新技术，因为新技术存在较高风险，这将导致对工程项目其他绩效妥协行为的产生，如质量水平。Branconi 等[92]研究了固定总价交钥匙合同，在这个合同下，业主方把项目完成的责任全部交给了承包商，承包商负责管理项目实施的整个过程，并承担相应风险。这样可以减轻承包商在固定价格约束下承担的成本压力，因为赋予其控制项目执行的全过程的权利，可以尽可能通过减少工作界面、提高工作效率来降低成本。

另一种研究较多的是成本加成合同或称成本补偿合同（Cost Reimbursable Contract）。承包商可以在经过批准的条件下根据实际发生的成本得到补偿[93]。这些费用包括实际成本之外的所有费用，如非现场管理费和固定的利润率。利润率可以是固定的，即成本加固定费用合同；也可以是实际成本的百分比，即成本加百分比合同[94]。在纯成本补偿合同中，成本风险完全由业主方承担[93]。

成本加成合同安排将确保承包商可以得到一部分利润，无论他的绩效如何[95]。此类合同最主要的缺点在于对承包商缺乏项目绩效的激励，促使其最小化成本并达到其他项目目标，如质量、工期和安全等。因此，纯成本补偿合同想要获得成功，业主方必须投入很多精力去监督承包商。然而，业主方通常非常不愿意使用纯成本补偿合同，因为他们缺乏足够的资源进行具体的项目管理，因此目前成本补偿合同在工程中应用较少[93]。

而作为成本补偿合同衍生出来的一种激励型合同，目标成本合同（Target Cost Contact）近年来逐渐得到关注。这种合同由双方达成一个目标价格，即完成合同范围内工作内容的合理价格。其关键机制即为所谓的“pain/gain”机制，当最终成本低于目标价格，即成本节约时称为“in gain”，而高于目标价格则称为“in pain”，目标成本合同的理念就是pain和gain均在合同双方之间分配[96]。Rusk认为，目标成本合同的目的就是在合同双方之间合理分配风险[97]。严明辉对目标成本合同模式进行了较为全面的阐述，重点对目标成本合同的运行机制、风险管理，以及优势和劣势进行了分析，并指出日标成本合同实施的关键在于合理设置目标成本及分配比例[98]。Chan等将GMP合同视为目标成本合同的衍生形式，并对这两种合同运用的动机和优势进行了实证调查[99]，研究了他们的关键风险及风险缓解手段[100]。

在合同类型选择方面，Veld和Peeters特别强调了三个合同参数的影响，即成本、交付时间和绩效，并提出了一个能客观地选择合同类型的决策树模型[101]。Turner和Simister讨论了合同类型选择和项目不确定性之间的关系，即合同类型的选择由项目本身的不确定性和项目移交过程的不确定性决定。当项目本身和移交过程高度不确定时，最合适的合同类型是纯成本补偿合同。当项目本身是确定的，但是移交过程是不确定的时候，交钥匙合同更合适。而当项目本身和过程均不确定时，成本加成激励合同可以达到最优结果[94]。De Meyer等研究了合同管理的不确定性，认为高度不确定性（意味着高风险）将使合同的作用大大降低，不稳定的项目环境意味着条款不能在合同中恰当地确定，同时项目参与方的目标也是存在差异的。如果在工程项目实施过程中设定一些柔性的安排以适应项目环境的变化，如有关市场波动对材料供应价格的影响[102]，这就支持了混合定价合同的概念，即在项目实施过程中根据不断变化的风险水平选择不同的合同类型，充分利用各种合同的优点[103]。例如，成本加成合同可应用于工程信息非常有限的可行性研究阶段，当工作范围和成本较为确定的时候再转换成固定总价合同。固定总价合同中尽管有降低成本的激励，但是严格的价格条款，在增大承包商风险的同时，也增加了价格的不确定性。这必然会促使承包商对其他项目目标（如质量和安全）的妥协。成本补偿合同既不能激励承包商降低成本，也无法达到其他项目目标[93]。

1.2.4 研究现状述评

通过对建设工程交易方式、工程总承包、工程项目（合同）风险 / 收益分配等方面的文献进行综合分析，可以发现，目前上述几方面的研究成果均较为丰富，但仍然存在诸多不足之处，主要表现在：

（1）工程总承包等交易方式绩效的研究不具有普遍意义。目前相关研究大都是在不同项目上进行试验或开展问卷调查，项目之间的可比性难以保证，所得结论并不具有针对性和普遍性。一方面，项目交易方式对项目绩效影响研究的全面性和项目绩效指标选择的合理性仍有待进一步完善；另一方面，研究交易方式对项目绩效影响时并未排除其他因素的影响，故相关成果的可靠性也值得商榷。由于工程项目绩效除了受 PDM 的影响之外，还受到其他一些重要因素的影响，因此，只有在排除其他因素的影响之后，研究不同交易方式下的项目绩效问题才能保证一定的精确性，从而具有一定的指导意义。

（2）工程总承包等交易方式适用范围的直接研究还十分缺乏，各种交易方式的单独研究缺乏系统性。目前关于项目交易方式选择的绝大部分研究，并没有传承不同交易方式下项目绩效宏观比较的思路，而是从项目交易方式选择的影响因素入手，主观性较强。更为直接的思路是：对一个具体工程项目的交易方式选择问题，业主方首先预测该项目采用不同交易方式时相应的项目绩效，通过比较事前预测的项目绩效来对交易方式的选择进行决策。另一方面，任一种项目交易方式都与合同计价方式和业主方管理方式等紧密相关，都应有合适的合同计价方式和业主方管理方式等与之配套，才能发挥其优势。而现有将他们视为一个整体的系统性研究仍十分鲜见，基本都是分离出来进行研究。

（3）工程项目（合同）风险 / 利益分配的定量研究仍较为缺乏，对工程交易中特定风险分配的专门研究不够深入。目前相关研究主要针对 PPP 项目，相比之下工程总承包项目的风险或收益分配研究严重不足，已有研究大都仅是初步探讨。对于具有较大不确定性的水利水电建设项目，其风险或收益在合同中的合理分配显得更为重要，相应的风险或收益分配的研究亟待开展。另一方面，现有研究很大一部分都是首先识别出主要风险，然后研究每一种风险分别由谁承担，却鲜有专门针对某一种特定风险的深入研究。

（4）建设工程合同计价方式的选择或设计研究缺乏系统性。如何针对项目的具体特点，设计出与交易方式相匹配的合同计价方式是一个值得研究的问题。

对于水利水电工程总承包及其交易模式创新问题，目前相关研究，尤其是定量研究较为缺乏。

1.3 研究范围及内容

1.3.1 研究范围和相关概念界定

本书主要站在业主方的角度（有时也站在总承包商的视角），以项目增值为主线，研究水利水电工程实行工程总承包的关键问题，具体从概念界定、研究视角和研究对象三个方面对本书的研究范围加以界定。

1. 相关概念界定

本研究涉及的核心概念包括：工程总承包、项目增值、“现场数据”不确定性等，分别说明或界定如下：

（1）工程总承包。广义的工程总承包包括多种类型，如DB、EPC、Turnkey、EP（Engineering，Procurement）、PC（Procurement，Construction）和GC（General Contractor，即施工总承包）等。本书中工程总承包是指至少包括设计和施工，即工程设计施工总承包，包括DB、EPC和Turnkey，不包括其他类型的工程总承包模式。由于EPC等总承包模式可视为DB的衍生方式，故本书中工程总承包均直接译为Design-Build。

（2）项目增值。关于增值，经济学中已有定义，工程管理领域也有学者提出增值的概念，但没有明确定义及专门研究。本书中“项目增值”的概念和现有各种增值概念的内涵均存在差异。总体而言，本书的“项目增值”包括三层含义：首先，它是风险和利益的统称，即有正、负增值之分；其次，它隐含着相对性，且不同时候可能是相对不同对象的增值，如，它可以是采用工程总承包相对于传统DBB方式的增值，也可以是某些指标的实际值相对于合同规定值的增值；第三，项目增值主要体现在项目工期和项目成本的变化（本书研究中假定业主方对项目质量和功能的要求在工程总承包和DBB方式下是一样的），如成本节约就是一种增值。关于“项目增值”的概念，下一章将给出其具体定义。

（3）“现场数据”（Site Data）不确定性。它是指工程实施现场地下地质条件和水文条件及环境方面的所有有关资料的不确定性，包括资料的准确性、充分性和完整性。水利水电工程“现场数据”不确定性通常较大，其引起的工程量不确定风险是本书将要研究的主要问题之一。

2. 研究视角

（1）业主方和总承包方的视角。一方面，本书首先站在业主方的视角来研究水利水电工程总承包项目增值并以此为工具研究水利水电工程总承包交易模式创新中的关键问题，希望通过本书的研究为业主方应用工程总承包模式提供指导。另一方面，由于我国工程总承包项目中较多采用联合体模式，因而本书还站在总承包商视角研究了联合体的利益共享分配问题。

（2）交易的视角。本书在研究工程总承包这种项目发包方式时，是以交易的视角进行探讨，在下文的研究中也将应用建设工程交易相关理论，因此本书采用的是工程项目交易方式与交易模式的概念。

（3）增值的视角。在研究水利水电工程总承包应用决策时，将以增值为视角展开。即通过考察应用工程总承包相对于传统交易方式的增值，来决定是否采用工程总承包。

3. 研究对象

（1）本研究主要针对具有较大不确定性的水利水电工程。

（2）本研究中，水利水电工程总承包项目增值分配是指项目增值在业主方与总承包商之间的分配，以及实行联合体工程总承包时，联合体成员间利益的分配，而不涉及总承包商和分包商之间的风险和利益分配。

（3）本研究主要针对“现场数据”不确定引起的工程量风险所对应的项目增值的分配，这种增值是可以观察到的，本研究并不涉及所有项目增值及其分配。

概括而言，本研究的范围可描述为：站在业主方或总承包商的视角，以项目增值为分析工具，研究水利水电工程设计—施工总承包的应用决策，以及因水利水电工程“现场数据”不确定引起的工程量不确定风险对应的项目增值在业主方和总承包商之间的分配问题，以及实行联合体工程总承包时，联合体成员间利益的共享分配问题。

1.3.2 主要研究内容

如上文所述，本书重点研究水利水电工程总承包应用决策，以及实行工程总承包后“现场数据”不确定引起的风险或利益的分配问题，包括业主方与总承包商之间的利益分配，以及联合体模式下总承包商联合体成员之间的利益分配。

一方面，工程总承包交易方式虽有一些明显优势，但这些优势并不是在所有水利水电工程上都能发挥，即并非所有水利水电工程的最优交易方式均是工程总承包。本书将以增值为视角，分析水利水电工程总承包的可行性，以及针对某一具体水利水电工程项目，是否应用工程总承包的决策问题，并探讨采用何种具体的工程总承包运作方式，即总承包范围设计问题。

另一方面，在水利水电工程总承包项目中，由于“现场数据”的不确定性，承包方在保证工程质量等满足合同要求的前提下，通过积极优化工程或积极应对风险，可能使工程实际造价低于合同确定的价格，即承发包双方的交易过程中，工程具有潜在增值空间。而工程实施完成后，实际产生多少增值就能确定了。同样，也可能发生实际造价高于合同确定的价格，即出现交易风险或负增值的情形，还可能发生增值和风险并存的情况，如工期虽缩短了，但工程造价上升了。为方便起见，将这种增值和风险统称为增值，负的增值即为风险。对某一项目，项目增值的大小与承包方努力程度相关，而承包方努力程度又取决于业主方的激励水平。因此，项目增值是承发包双方相互博弈的结果。为使承发包双方达到“共赢”，客观上需要对项目增值进行合理分配，其动因可用图 1-4 来描述。因此，本研究也对水利水电工程总承包项目增值的合理分配展开研究。此外，在总承包商是联合体的情况下，联合体成员之间也存在类似的利益分配问题，这也是本书的研究内容之一。

具体而言，本书研究内容包括：

（1）水利水电工程总承包应用决策/模式选择与范围设计研究。结合典型水利水电建设项目，通过与传统设计施工相分离的 DBB 交易方式对比，分析工程总承包交易方式下水利水电建设项目实现增值的主要途径；研究对应于不同

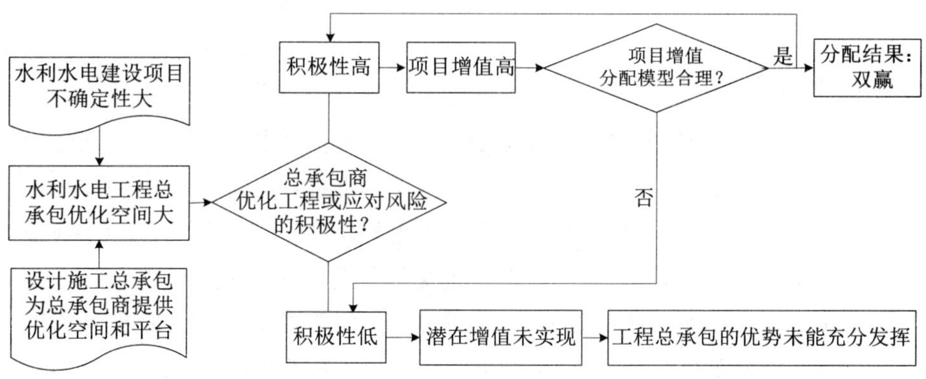

图 1-4　水利水电工程总承包项目增值合理分配的动因模型

Fig.1-4　Motivation model of added value distribution for water conservancy and hydropower DB projects

增值途径的增值效果的测度，包括缩短建设工期、降低工程造价等带来的正增值，也包括潜在负面影响造成的负增值，如交易成本的增加；在此基础上，提出基于潜在增值的水利水电工程总承包应用决策准则。

（2）水利水电工程总承包合同计价方式设计 / 创新研究。水利水电工程总承包项目增值的分配需要通过合同进行，即突破传统固定总价合同的框架，通过合同计价方式的重新设计来达到合理分配增值的目的。在比较现有合同计价方式、分析水利水电工程总承包现行合同计价方式不适用性的基础上，考虑水利水电工程的特征，研究水利水电工程总承包合同计价方式设计方法，并提出与水利水电工程总承包相匹配的合同计价方式可选方案。

（3）水利水电工程总承包项目增值分配机制研究。项目增值分配比例是合同计价方式中的一个核心参数，即增值分配的关键指标。本研究拟利用委托—代理理论，主要考虑“现场数据”不确定引发的项目成本节约方面的增值，构建相应的委托—代理模型，在离散简化情况下和连续情况下分别对不同合同计价方式下增值分配比例的确定进行分析。

（4）水利水电工程联合体总承包项目利益共享机制研究。当水利水电建设项目实行联合体工程总承包时，由于联合体是一个较为松散的合作组织，工程总承包项目收益如何在联合体间合理分配，关系到工程总承包模式的优势能否得以充分发挥。本研究基于博弈理论分析水利水电工程总承包收益在联合体成员之间的共享机制，并探索主体公平关切行为对工程总承包联合体收益及其分配与谈判的影响规律。

1.4 研究方法、技术路线及创新点

1.4.1 主要研究方法

本研究遵循经典的管理学研究方法论，从我国水利水电工程建设管理实践中发现水利水电工程总承包存在的问题，通过分析这些问题发生的根本原因提炼出背后的科学问题，并结合我国水利水电工程建设管理发展的需要开展研究和探索，从而为我国水利水电工程总承包交易方式应用，以及应用实践中的问题提供解决方案、理论或方法支持。总体而言，本研究以建设工程交易理论、委托—代理理论等相关理论为基础，对水利水电工程总承包的关键问题展开研究，在研究过程中，本书综合采用文献研究、工程调研（包括访谈和数据收集等）、理论分析、逻辑推理、比较研究等方法开展研究工作。主要方法说明如下：

（1）文献研究法与调查法相结合。通过广泛搜集文献获取国内外工程总承包和合同风险或利益分配方面的相关资料，同时采用访谈和个案研究等科学方法了解水利水电工程总承包面临的关键问题，从而正确、全面地了解和掌握有待研究的问题，在前人研究的基础上，对现有理论和方法中所存在的一些不足进行改进，并充分考虑理论和方法在实践中的可操作性。

（2）定性分析与定量研究相结合。采用定性分析方法，研究工程总承包的本质内涵、水利水电工程总承包的适用性、潜在增值途径和增值效果等内容；采用定量分析的方法，研究水利水电工程总承包项目增值估计及水利水电工程总承包应用决策等问题。

（3）模型研究法。在不完全合同理论、委托—代理理论等相关理论的综合指导下，针对水利水电工程总承包的特点，构建业主方和总承包商之间的委托—代理模型，以对增值分配比例的确定进行分析；构建联合体工程总承包模式下的公平关切模型和收益分配模型，分析主体公平关切行为对收益分配可行域及项目优化绩效的影响情况。

（4）比较研究法。通过比较工程总承包与传统交易方式，研究工程总承包潜在增值途径及其效果估计；通过比较不同的合同计价方式，结合谱分析方法，探索水利水电工程总承包合同计价方式设计方法和可行方案。

总之，本研究试图采用具体方法分析具体问题，以把握问题本质，力求做到理论与实践相结合、定性与定量相结合、文献分析与实地调研相结合、现状与未来相结合，以保证本研究目标的实现。

1.4.2 研究技术路线

本研究的技术路线是以水利水电工程总承包项目增值为主线，在对水利水电工程总承包及相关研究现状进行系统分析的基础上，主要从四个方面进行研究：水利水电工程总承包模式选择与范围设计、合同计价方式创新、项目增值分配机制，以及联合体工程总包项目收益共享机制。具体技术路线图如图 1-5 所示。

1.4.3 主要创新点

在把握相关实践和研究现状的基础上，本书试图对水利水电工程总承包交易模式创新中的若干关键问题进行研究，包括水利水电工程总承包的应用条件 / 环境或应用决策，水利水电工程总承包合同计价方式和增值分配比例的研究，为工程总承包在水利水电工程建设中的应用提供支持，对已有研究成果中

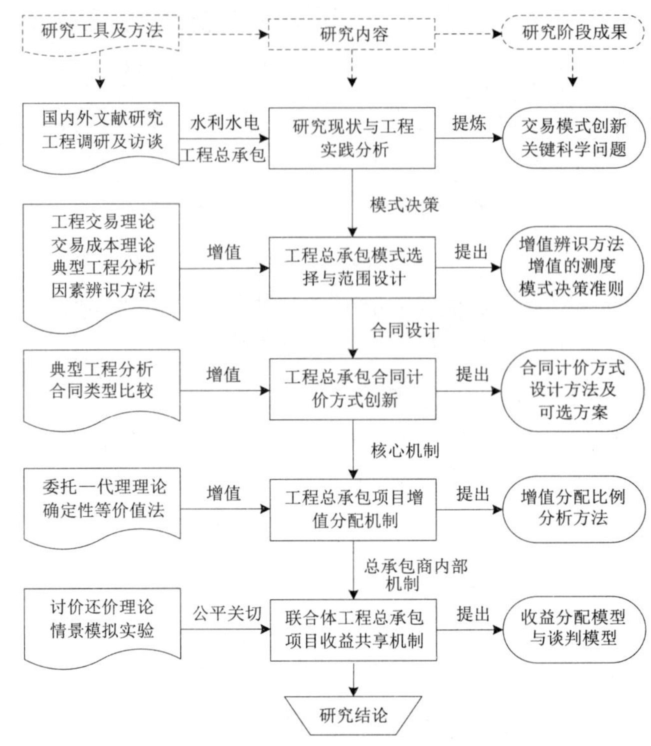

图 1-5　研究技术路线

Fig.1-5　Research technique route

相关不足之处做出完善。本书的创新点主要包括如下几个方面：

（1）在重新界定项目增值内涵的基础上，提出了水利水电工程总承包增值途径，基于交易要素分析提出了增值影响因素，构建了增值效果分析矩阵，进而提出了水利水电工程总承包增值的估计方法，以及水利水电工程总承包应用决策准则，为水利水电工程总承包应用决策提供了一个更为直接的分析框架。

（2）在比较工程典型合同计价方式的基础上，结合水利水电工程总承包的特点，利用谱分析等方法，提出了水利水电工程总承包合同计价方式设计方法，以及面向增值分配的水利水电工程总承包合同计价方式可选方案。

（3）基于委托—代理理论，考虑业主方和总承包商双方风险、利益均衡，构建了水利水电工程总承包项目增值分配的委托—代理模型，提出了增值分配比例的分析方法。

（4）基于博弈理论，分析了水利水电工程联合体总承包项目收益在联合体成员之间的分配机制，揭示了主体公平关切行为对联合体收益及其分配的影响规律，建立了联合体工程总包项目收益共享谈判方法。

本章参考文献

[1] 中共中央，国务院．中共中央 国务院关于加快水利改革发展的决定 [EB/OL]. http：//www.gov.cn/gongbao/content/2011/content_1803158.htm，2011.12.

[2] DBIA（Design-Build Institute of America）. Design-Build Project Delivery Market Share and Market Size Report [EB/OL]. http：//www.dbia.org/resource-center/Pages/Research.Aspx，2011.

[3] RCD/RSMeans Market Intelligence. Design-Build Project Delivery Market Share and Market Size Report（2014）[R]. Confidential Report for DBIA，2014.

[4] 河海大学．广东省政府投资水利工程实行工程总承包关键问题研究 [R]. 南京：河海大学科学研究报告，2011.

[5] Anderson S，Oyetunji A. Selection procedure for project delivery and contract strategy [C]. Construction Research Congress，2003：1-9.

[6] Oyetunjia A，Anderson S. Relative effectiveness of project delivery and contract strategies [J]. Journal of Construction Engineering and Management，2006，132（1）：3-13.

[7] Winch G. Zephyrs of creative destruction：understanding the management of innovation in construction [J]. Building Research and Information，1998，26（4）：268-279.

[8] Blayse A M，Manley K. Key influences on construction innovation [J]. Construction Innovation，2004，4（3）：143-154.

[9] Chan A P C.，Yung E H K.，Lam P T I，et al. Application of Delphi method in selection of procurement systems for construction projects. Construction Management and Economics，2001，19（7）：699-718.

[10] Kumaraswamy M M，Dissanayaka S M. Developing a decision support system for building project procurement. Building and Environment，2001，36（3）：337-349.

[11] Ojiako U，Johansen E，Greenwood D. A qualitative re-construction of project measurement criteria. Industrial Management & Data Systems，2008，108（3）：405-417.

[12] Chen Y Q，Liu J Y，Li B G，et al. Project delivery system selection of construction projects in China [J]. Expert Systems with Applications，2011，38（5）：5456-5462.

[13] 徐韫玺，王要武，姚兵.基于BIM的建设项目IPD协同管理研究[J].土木工程学报，2011，44（12）：138-143.

[14] Kent D C，Becerik-Gerber B. Understanding construction industry experience and attitudes toward integrated project delivery [J]. Journal of Construction Engineering and Management，2010，136（8），815-825.

[15] Konchar M，Sanvido V. Comparison of U.S. project delivery system [J]. Journal of Construction Engineering and Management，1998，124（6）：435-444.

[16] Bennett J，Pothecary E，Robinson G. Designing and building a world-class industry：The University of Reading Design and Build Forum Report[M]. Reading：Center for Strategic Studies in Construction，University of Reading，UK，1996.

[17] Construction Industry Institute（CII）and NIST. Measuring the impacts of delivery system on project performance—Design-Build and Design-Bid-Build [R]. Austin，TX：Construction Industry Institute，2002.

[18] Ibbs W C，Kwak Y H，Ng T，et al. Project delivery systems and project change：Quantitative analysis [J]. Journal of Construction Engineering and Management，2003，129（4）：382-387.

[19] Gransberg D D，Badillo-Kwiatkowski G M，Molenaar K R. Project delivery comparison using performance metrics [C]. 2003 AACE International Transactions，2003.

[20] Hyun C T，Cho K，Koo K，et al. Effect of delivery methods on design performance in multifamily housing projects [J]. Journal of Construction Engineering and Management，2008，134（7）：468-482.

[21] Rosner J W，Thal A E，West C J. Analysis of the Design-Build delivery method in air force construction projects [J]. Journal of Construction Engineering and Management，2009，135（8）：710-717.

[22] Hale D R，Shrestha P P，Gibson G E，et al. Empirical Comparison of Design/Build and Design/Bid/Build Project Delivery Methods [J]. Journal of Construction Engineering and Management，2009，135（7）：579-588.

[23] Federal Highway Administration（FHWA）. Design-Build Effectiveness Study [R]. Washington，DC：USDOT-Federal Highway Administration，2006.

[24] Shrestha P P，Migliaccio G C，O' Connor J T，et al. Benchmarking of large design-build highway projects：One-to-one comparison and comparison with

DBB projects [J]. Transportation Research Record, 2007 (1994): 17–25.

[25] Shrestha P P, O' Connor J T, Gibson G E. Performance Comparison of Large Design–Build and Design–Bid–Build Highway Projects [J]. Journal of Construction Engineering and Management, 2012, 138 (1): 1–13.

[26] Water Design–Build Council (WDBC). Independent comparative evaluation of Design–Build v. conventional Design–Bid–Build project delivery for municipal water and wastewater facilities [R]. Washington, DC: Water Design–Build Council, 2009.

[27] Shane J S, Bogus S M, Molenaar K R. Municipal water/wastewater project delivery performance comparison. [J]. Journal of Management in Engineering, 2013, 29(3): 251–258.

[28] Mahdi I M, Alreshaid K. Decision support system for selecting the proper project delivery method using analytical hierarchy process (AHP) [J]. International Journal of Project Management, 2005, (23): 564–572.

[29] Chan C T W. Fuzzy procurement selection model for construction projects. Construction Management and Economics. 2007, 25 (6): 611–618.

[30] 洪伟民，王卓甫. 基于 SMARTS 的工程交易方式决策分析 [J]. 生态经济：学术版，2007(10)：34–37.

[31] Tan Y C. A Handbook for Improving Real Estate Project Delivery in Malaysia—Analysis, Comparison and Selecting the Best Method. Department of Architecture, National University of Singapore, 2006.

[32] Mafakheri F, Dai L, Slezak D, Nasiri F. Project delivery system selection under uncertainty Multi–criteria multilevel decision aid model[J]. Journal of Management in Engineering, 2007, 23 (4): 200–206.

[33] Lahdenpera P, Koppinen T. Financial Analysis of Road Project Delivery Systems [J]. Journal of Financial Management of Property and Construction, 2009, 14 (1): 61–78.

[34] Chen Y Q, Lu H Q, Lu W X, et al. Analysis of project delivery systems in Chinese construction industry with data envelopment analysis (DEA) [J]. Engineering, Construction and Architectural Management, 2010, 17 (6): 598–614.

[35] 陈勇强，焦俊双，张扬冰. 工程项目交易方式选择的影响因素及选择方法 [J]. 国际经济合作，2010 (2)：51–55.

[36] Chen Y Q, Liu J Y, Li B G, et al. Project delivery system selection of construction

projects in China[J]. Expert Systems with Applications，2011，(38)：5456 - 5462.

[37] 王卓甫，杨高升，洪伟民．建设工程交易理论与交易模式 [M]. 北京：中国水利水电出版社，2010.

[38] 王卓甫，简迎辉．工程项目管理：模式及其创新 [M]. 北京：中国水利水电出版社，2006.

[39] 管百海，胡培．工程总承包建设交易制度研究综述 [J]. 现代管理科学，2008，(11)：69–71.

[40] Cushman R F. Design–Build Contracting Handbook (Second Edition) [M]. New York：Aspen Law and Business，2001.

[41] Anumba C.J，Evbuomwan N.F.O. Concurrent engineering in design–build projects [J]. Construction Management and Economics，1997，15 (3)：271–281.

[42] 常陆军．设计与施工的整合：工程采购模式变革的动因与机制 [J]. 建筑管理现代化，2006，(2)：5–8.

[43] Yeo K T，Ning J H. Integrating supply chain and critical chain concepts in engineer–procure–construct (EPC) projects[J]. International Journal of Project Management，2002，(20)：253–262.

[44] 刘少兵，张建平，王孟钧．基于制度经济学的工程总承包模式探讨 [J]. 宏观经济研究，2005，(2)：38–39.

[45] Lam E W M，Chan A P C，Chan D W M. Determinants of successful Design–Build projects[J].Journal of Construction Engineering and Management，2008，134 (5)：333–341.

[46] 王学通．基于不确定多属性理论的总承包工程交易模式决策研究 [D]. 哈尔滨：哈尔滨工业大学，2010.

[47] Holly L Shorney–Darby. Design–Build for water and wastewater projects[M]. Denver：American Water Works Association，2012.

[48] 蔡绍宽，钟登华，刘东海．水电工程 EPC 总承包项目管理理论与实践 [M]. 北京：中国水利水电出版社，2010.

[49] Songer A D，Molenaar K R. Selecting Design–Build：Public and Private Sector Owner Attitudes [J]. Journal of Management in Engineering，1996，(12)：47–53.

[50] Oliveira J W. Design–build method viewed by public agencies in southern Nevada compared to Arizona and Utah [D]. A thesis for the Degree of Doctor of University of Nevada，Las Vegas，2003.

[51] 罗甲生，李博，王孟钧．设计施工联合体模式的理论探讨与实证分析 [J]. 建筑经济，2005，(4)：64–67.

[52] 丁继勇，王卓甫，凌阳明星，等．中国水利工程总承包交易模式创新与关键科学问题 [J]. 水利经济，2016，47（5）：33–37.

[53] 黄居林．我国建筑业推行工程总承包模式进程缓慢问题研究——基于制度变迁的视角 [J]. 华东经济管理，2011，25（7）：65–68.

[54] 丰景春，钱瑶，赵杰．水利工程总承包模式发展动力的实证研究 [J]. 水力发电学报，2014，33（1）：227–233.

[55] 边立明．水利工程建设应用 EPC 总承包模式面临的问题及对策 [J]. 广东水利水电，2013（8）：73–75.

[56] 王卓甫，丁继勇，王道冠，等．基于增值的水电工程总承包应用决策框架研究 [J]. 水力发电学报，2013，33（3）：317–330.

[57] 简迎辉，张勇．基于直觉模糊 IFWA 算子的水利工程总承包交易模式选择研究 [J]. 中国农村水利水电，2012（2）：142–148.

[58] 张坤，王卓甫，丁继勇．标准化工程总承包合同条件计价方式的讨论 [J]. 土木工程与管理学报，2014，31（4）：98–102.

[59] Lam K C，Wang D，Lee P T K，et al. Modelling risk allocation decision in construction contracts [J]. International Journal of Project Management，2007，25（5）：485–493.

[60] Rutgers J A，Haley H D. Project risks and risk allocation[J]. Cost Engineering，1996，38（9）：27–30.

[61] Hoffman S L. The Law and Business of International Project Finance [M]. New York：Cambridge University Press，2008.

[62] Levitt R E，Ashley D B，Logcher R D. aallocating risk and incentive in construction[J]. Journal of the Construction Division，ASCE，CO3，1980，106（C03）：297–305.

[63] Vega A O. Risk allocation in infrastructure financing [J]. Journal of Project Finance，1997，3（ 2）：38– 42.

[64] 代春泉．工程合同风险分配机制研究 [J]. 建筑经济，2011，(6)：44–47.

[65] 罗春晖．基础设施私营投资项目中的风险分担研究 [J]. 现代管理科学，2001，(2)：28–29.

[66] 石磊，侯军伟．PPP 融资风险管理模型研究 [J]. 合作经济与科技，2009，(16)：

37-38.

[67] 刘新平，王守清．试论 PPP 项目的风险分配原则和框架 [J]. 建筑经济，2006，(2)：59-63.

[68] 张水波，何伯森．工程项目合同双方风险分担问题的探讨 [J]. 天津大学学报：社会科学版，2003，5（3）：257-263.

[69] Crampes C，Estache A. Regulatory trade-offs in the design of concession contracts[J]. Utilities Policy，1998，7（1）：1-13.

[70] Zhang S B，Zhang L，Gao Y. Risk allocations in construction contracts：A Comparison of China' s Standard Form of Construction Contract and FIDIC Conditions of Contract for Construction [J]. Surveyors Times，2006，15（15）：135-141.

[71] 张尚．建设工程不同合同计价方式下的风险分配问题 [J]. 国际经济合作，2008（8）：72-75.

[72] Barnes M. How to allocate risks in construction contracts [J]. Project Management，1983，1（1）：24-28.

[73] Oudot J M. Risk Allocation：Theoretical and Empirical Evidence and Application to Public-Private Partnerships in the defence sector[J]. Proceedings of 9th Annual Conference on Economics and Security，Bristol，UK，2005，June 23-25.

[74] Chapman C B，Ward S C. The Efficient Allocation of Risk in Contracts [J]. International Journal of Management Science，1994，22（6）：537-552.

[75] Chapman C B，Ward S C. Developing and implementing a balanced incentive and risk sharing contract [J]. Construction Management and Economics，2008（26）：659-669.

[76] Charoenngam C，Yeh C Y. Contractual risk and liability sharing in hydropower construction [J]. International Journal of Project Management，1999，17（1）：29-37.

[77] 张水波，陈勇强．国际工程总承包 EPC 交钥匙合同与管理 [M]. 北京：中国电力出版社，2009：126-133.

[78] 成虎，吴九明．工程总承包项目的运作过程和合同分析 [J]. 施工技术，2004，33（12）：1-3.

[79] 楼海军．国际 EPC 工程风险分担原则研究 [J]. 混凝土与水泥制品，2010，(4)：20-22.

[80] 陈娜，瞿秋凤．DB 模式下风险分担模型研究 [J]. 建筑管理现代化，2010，(4)：

20–22.

[81] Chan Albert P C，Yeung John F Y，Yu Calvin C P，et al. Empirical Study of Risk Assessment and Allocation of Public–Private Partnership Projects in China[J]. Journal of Management in Engineering，2011，27（3）：136–148.

[82] 柯永建．中国 PPP 项目风险公平分担 [D]. 北京：清华大学，2010.

[83] 杜亚灵，尹贻林．PPP 项目风险分担研究评述 [J]. 建筑经济，2011，（4）：29–34.

[84] 柯永建，王守清，陈炳泉．基础设施 PPP 项目的风险分担 [J]. 建筑经济，2008（4）：31–35.

[85] 邓小鹏，李启明，汪文雄，等．PPP 模式风险分担原则综述及运用 [J]. 建筑经济，2008（9）：32–35.

[86] Zaghloul R，Hartman F. Construction contracts：the cost of mistrust [J]. International Journal of Project Management，2003，21（6）：419–424.

[87] Russell S H. Contract types：an exposition of cost–price relationships in a new paradigm [J]. Journal of Cost Analysis and Management，2003：43–57.

[88] Sam Kubba. Handbook of Green Building Design，and Construction：LEED，BREEAM，and Green Globes [M]. Butterworth–Heinemann，2012.

[89] Al–Harbi K M A–S. Sharing fractions in cost–plus–incentive–fee contracts [J]. International Journal of Project Management，1998，16（2）：73–80.

[90] Levine P，Rickman N. Public sector procurement：Lump sum payments or optimal contracts? [C]. Regulation Initiative（LBS）Discussion Paper，No. 36，University of Surrey，2000.

[91] Levitt R E，Logcher R D，Quaddumi N H. Impact of owner–engineer risk sharing on design conservatism [J]. ASCE Journal of Professional Issues in Engineering，Education and Practice，1984，110（4）：157–169.

[92] Bolton P，Dewatripont M. Contract Theory [M]. London，England：MIT Press，2005.

[93] Berends T C. Cost plus fee contracting–experiences and structuring [J]. International Journal of Project Management，2000，18（3）：165–171.

[94] Turner J R，Simister S J. Project contract management and a theory of organization [J]. International Journal of Project Management，2001，19：457–464.

[95] Jaraiedi M，Plummer R W，Aber M S. Incentive/disincentive guidelines for highway construction contracts [J]. Journal of Construction Engineering and

Management, 1995, 121（1）: 112–120.

[96] Target Cost Contracts [EB/OL]. http：//constructionbytes.com/resources/target-cost-contracts, 2013-6-25.

[97] Rusk J. Target Cost Contracts [J]. Working paper, 2009.

[98] 严明辉. 基于目标成本合同的工程项目成本管理体系研究 [D]. 天津：天津大学, 2011.

[99] Chan D W M, Chan A P C, Lam P T I, et al. An empirical survey of the motives and benefits of adopting guaranteed maximum price and target cost contracts in construction [J]. International Journal of Project Management, 2011, 29（5）: 577–590.

[100] Chan D W M, Chan A P C, Lam P T I, et al. Exploring the Key Risks and Risk Mitigation Measures for Guaranteed Maximum Price and Target Cost Contracts in Construction [J]. Construction Law Journal（CLJ）, 2010, 26（5）: 364–378.

[101] Veld J, Peeters W A. Keeping large projects under control：the importance of contract type selection [J]. Project Management, 1989, 7（3）: 60–67.

[102] De Meyer A, Loch C H. Managing project uncertainty [J]. Sloan Management Review, 2002, 43：60–67.

[103] UNIDO. Module 18：Contracting complex industrial projects [C]. Training Manual on Technology Transfer, United Nations Industrial Development Organization, 1996：1–331.

第2章 水利水电工程总承包与项目增值

与房屋建筑等其他建设工程项目相比，水利水电工程通常具有投资规模大、建设周期长、“现场数据”不确定性大、影响因素众多等独特的特点。很多大中型水利工程由政府投资，属公益性项目；也有一些水利水电工程由社会资本投资，具有经营属性或准经营性。长期以来，水利水电工程建设项目通常采用设计施工相分离的传统 DBB 交易方式，不断暴露出其固有劣势，随着工程总承包在国际上的广泛应用，越来越多的学者开始研究将工程总承包引进水利水电建设工程领域。然而，相当一部分人认为，由于水利水电建设项目通常具有较大的不确定性，因而并不适合采用工程总承包方式，这是一种较为普遍的片面观点，事实可能恰恰相反。本章将在分析工程总承包本质特征和核心目的的基础上，从增值的视角探讨水利水电建设项目实行工程总承包的可行性；然后对水利水电工程总承包项目交易要素进行系统分析；最后对水利水电工程总承包交易中的项目增值及其分配问题作一初步分析。

2.1 工程项目交易方式与水利水电工程总承包

目前，国际上工程建设领域存在多种经典的项目交易方式，包括 DBB、DB、EPC 和 CM-at-Risk（CMR）等，其中 DB 和 EPC 均属工程总承包方式。20 多年来，上述经典项目交易方式在工程实践中又衍生出一些新的方式，如 DBO（Design-Build-Operate）。许多学者也围绕上述经典项目交易方式展开研究，相关成果逐渐丰富。

2.1.1 工程项目交易方式：内涵界定与概念辨析

工程项目交易方式（PDM），在不同视角下有不同的称谓，如工程项目交易方式[1]、工程项目交付方式[2]、工程项目采购方式 / 模式[3-4]，或工程项目发包方式、工程建设模式[5]等，本书以交易视角展开研究，故采用工程项目交易方式一词，统称为 PDM。

目前国内外工程建设行业对 PDM 均还没有普遍接受的统一定义，很多团体、组织和个人都提出了自己的观点。美国总承包商协会（Associated General Contractors of America，AGC）将其定义为：“PDM 是为设计和建造一个工程项目而分配合同责任的综合过程，它确定那些为项目绩效承担合同责任的主要参与方”[6]。美国建筑管理协会（Construction Management Association of America，CMAA）认为，所有 PDM 均具有三个基本领域：项目组织（project organization）、项目的“操作系统”(operating systems)和连接项目参与各方的商业条款(commercial terms),三者的结构必须均衡,以保持PDM的连贯运转[7, 8]。美国德州交通部的一份研究报告将PDM定义为:PDM等同于一种采购方式,它定义了项目团队成员的关系、角色和责任,以及为完成一个工程项目所需活动的顺序[9]。

Anderson和Oyetunji等指出,PDM定义了工程项目阶段的顺序、项目参与各方,以对各方角色和职责的隐性分配[10]。Touran等则认为,PDM是为业主方全面设计和建造一个工程项目的过程,包括:项目范围定义;设计、建造和各种咨询人员的组织;设计和施工运作的顺序;设计和施工的执行;以及竣工和启动[11]。因此,不同PDM通过业主、设计和建造方之间合同的形成方式及这些合同不同参与方之间的技术关系加以区别[11, 12]。

Pishdad和Beliveau[13]通过比较美国已有文献总结道:不同研究从不同属性来界定PDM,包括管理过程、采购和风险分配策略、工作打包和排序、团队建设策略、角色与责任、融资策略等,它们的定义有的更集中于PDM的某一具体属性,有的则更加全面。

可以发现,目前PDM的不同定义之间有的存在微小差异,有的则差异较大。此外,还有一些文献将合同计价方式、采购方式、管理方式与PDM结合在一起,这些关系紧密的概念有时也存在混淆的现象。如,对工程项目采购方式(project procurement method)这一概念,其有时和PDM是同一个概念,尤其是在英国等欧洲国家,而在美国,目前项目采购方式一般是指承包方的选择方法。为避免混淆,本书区分了采购方式和交易方式两种概念。又如,有些人认为工程总承包就应该采用固定总价合同,其实也是对这两个概念存在混淆。本书对上述概念的界定、比较见表2-1。

PDM和相关概念的比较 表2-1

Comparison of PDM with related concepts Table 2-1

概念	定义	类型
交易方式 Delivery method	为提供设计和建造服务的项目相关参与方分配职责的方法	DBB,DB,CMR,IPD等
管理方式 Management method	管理、监督、协调设计和施工过程的方法	自主管理;委托管理,如:CMA,PM,国内的建设监理等
采购/选择方式 Procurement/Selection method	为项目选择设计方或施工方的程序	最常用的包括:最低价法、最佳价值法,以及基于资质的选择方法(qualifications-based selection)
(合同)计价方式 Payment method	业主方对设计方或承包方提供服务的支付形式	单价合同,GMP合同,成本加成合同,总价合同等

2.1.2 工程项目交易方式分类：设计施工是否整合

如上文所述，目前国际上存在多种 PDM，而不同文献中提及的 PDM 类别也存在差异，表 2-2 列举了一些文献中的 PDM 类别。

不同文献中 PDM 的类别比较 表 2-2
PDM categories in different literatures Table 2-2

文献及年份	PDM 类别
Molenaar 等[14]（2012）	DBB；DB；CM/GC；DBOM；PPP/DBFOM；IPD
AIA-AGC[15]（2011）	DBB；DB；CMR；IPD
Culp[16]（2011）	DBB；DB；DBO；DBFO
Ghavamifar[12]（2009）	主要 PDM：DBB；DB；Design/Contract-Build；CMR；DBO 其他策略：DBOM；EPC；Bridging；Program Manager at Risk；Total Facilities Services；PPP；JOC（Job Order Contracting）；IDIQ（Indefinite Delivery/Indefinite Quantity）
TCS[17]（2007）	DBB；ID/IQ；CMA；CM at-Risk；Portland Method；Design Sequencing；DB；ECI（Early Contractor Involvement）and Target Pricing；Project Alliancing；Contract Maintenance
Oyetunji 和 Anderson[18]（2006）	DBB；DBB with early procurement；DBB+PM；DBB+CM；DBB with early procurement+CM；CMR；DB/EPC；Multiple DB；Parallel primes；Staged DBB；Turnkey；Fast track
Mahdi 和 Alreshaid[19]（2005）	DBB；DB；CMR；CM Agency
AGC[20]（2004）	主要 PDM：DBB；DB；CMR 涉及融资或运营及维护的 PDM：DBF；PPP；DBOT
Garvin[21]（2003）	DBB；DB；DBO/DBOM；O&M Services；BOT/DBFO
Konchar 和 Sanvido[22]（1998）	DBB；DB；CMR

此外，很多学者尝试根据不同的因素来对 PDM 进行分类，这些因素包括：管理风格及业主方承担责任的程度；业主方参与的程度；为整合设计和施工的责任扩展；项目复杂性和单一性造成的相关风险的分配；每种 PDM 的大致适用场合；设计、施工、融资一体化方面的成本；等等[4]。可以发现，并没有一个统一的方法来对不同的 PDM 及其衍生方式进行归类[23]。美国建筑业学会

(CII)认为，实际上只有三种基本的PDM，即：DBB、DB和CMR，其他方式都是这三种方式的变异形式或混合体[24]。Rwelamila和Edries[4]从发展中国家的角度提出将各种分类方法进行综合，将PDM为三类：①分离与合作型交付方式，包括传统的DBB及其变异形式；②一体化的方式，包括DB及其变异形式；③管理导向的方式，包括管理承包和CM等。

Pakkala通过整合项目生命期不同阶段展示了PDM类型[25]，如图2-1所示。

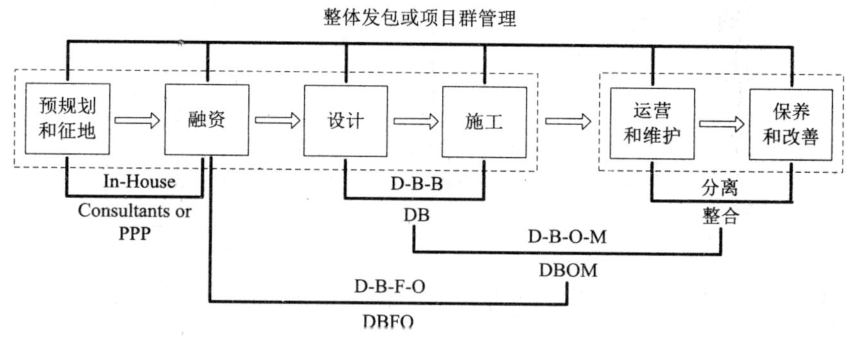

图2-1 PDM的类型

Fig.2-1 PDM type

王卓甫等[26]指出，经典的PDM有DB、EPC、CMR和DBB方式，它们的核心差异是承包范围不同。显然，不同PDM应用时的设计深度或工程实施阶段是不同的。他们以工程设计深度或工程建设阶段为坐标，建立了工程项目交易方式谱（图2-2），并列出了各经典PDM的衍生方式。

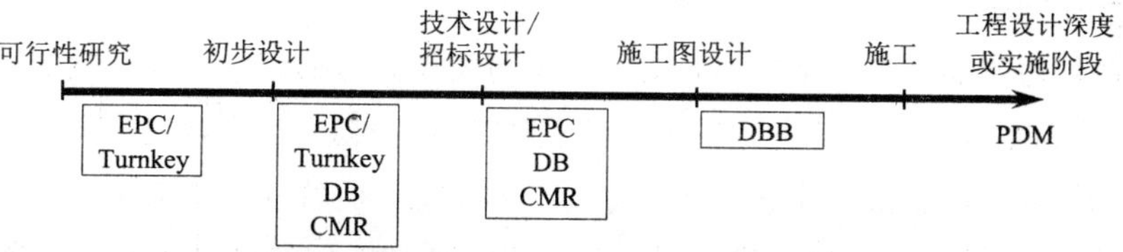

注：每种PDM的承包范围为PDM名称左边点开始的工程内容。

图2-2 工程项目交易方式谱

Fig.2-2 PDM spectrum for construction

还有学者认为，有两个关键变量决定了不同PDM的大部分变异形式，这两个变量是：不同服务提供者的整合程度和业主方直接为项目进行融资的程度，他们由此对PDM进行分类，得到了PDM象限图，如图2-3所示[27]。

其中，发包内容的整合程度这一特征描述的是不同项目阶段，包括项目规划、项目设计、项目施工、项目运行等在项目生产循环中相分离或相结合的程度；而融资渠道这一特征则衡量了业主方在项目执行过程中所承担的财务风险的大小程度。

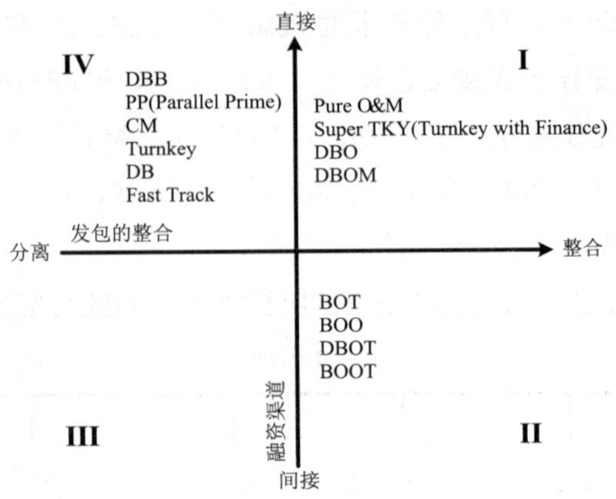

图 2-3 PDM 分类象限图

Fig.2-3 Classification of PDMs using quadrants

对上述文献中 PDM 类别的差异，一方面是由于文献发表时间的不同，PDM 在不断衍生、发展和创新；另一方面是不同研究者对 PDM 定义的不同，其中有的是将 PDM 和管理方式等概念相混淆。例如，根据表 2-1，CM-Agency（CMA）并不是一种 PDM，而属管理方式，AIA 和 AGC 已对此作了说明。再如，对一些文献中提及的涉及融资或运营和维护的 PDM，其本质上是否属于项目交易方式，目前也存在分歧，有人认为 PDM 的界定已从“项目如何被规划、设计和建造”的旧定义扩展到包括运营和维护的新定义，其他人则认为融资或运营和维护不应包含在 PDM 内。

虽然对于 PDM 的分类有多种观点，但可发现几乎得到所有人认同的 PDM 主要包括 DBB、DB 和 CMR 三种。由美国建筑师学会（AIA）和总承包商协会（AGC）联合编纂的 PDM 初级读本也仅介绍了这三种 PDM。随着近几年来综合项目交付方式（IPD）的出现、发展和成功应用，AIA 和 AGC 于 2011 年对 PDM 初级读本进行了修订[20]，修订版则介绍了 DBB、DB、CMR 和 IPD 四种方式。为了鼓励工程管理界能在各种 PDM 的定义上达成一致，这个初级读本给出了上述四种 PDM 的定义性特征和典型性特征，见表 2-3。

笔者认为，在 IPD 出现之前，由于工程建设中设计和施工两项活动之间的关系对 PDM 的演进具有最为重要的影响，因此传统上根据设计和施工是否整合且通过单一合同获得，将 PDM 分为设计施工一体化的 DB 和设计施工相分离的 DBB 两种基本方式是恰当的，其他方式都是在这两者基础之上衍生或混合发展起来的。

不同 PDM 的特征（AIA/AGC） 表 2-3
Characteristics of different PDMs (AIA/AGC) Table 2-3

PDM 类型 \ 特征	定义性特征	典型性特征
DBB	三个主要参与方：业主方、设计方、承包方 两个分离的合同：业主方—设计方，业主方—承包方 最终承包方的选择是基于最低报价法或最佳价值法（总成本）	三阶段：设计，招标，建造。这些阶段可能是线性的或者是搭接的（如果项目是快速施工或者分标给多个承包商） 明确且广泛成文的职责 通常施工开始前在单一的工作包中完成合同文件，并要求实际执行之前进行施工相关决策 施工计划基于已完成文件 完整的说明书，能产生清晰的质量标准 施工开始前各方一致同意成品的配置和细节
CMR	三个主要参与方：业主方、建筑师、CMR 两个分离的合同：业主方和建筑师，业主方和 CMR 最终承包方的选择是基于 QBS 法（基于资质的选择）或最佳价值法（费用）	在设计阶段就聘任 CMR 合同规定的说明产生清晰的质量标准 确定限定最高价
DB	两个主要参与方：业主方、DB 方 一个合同：业主方和 DB 方	最终 Design-Builder 的选择可能基于以下任何一种：直接协商；QBS；最低报价法或最佳价值法（费用或总成本）；最低价中标法 根据不同项目具体特点确定并文件化各方角色 设计和施工连续进行 搭接阶段：设计与施工 一些施工相关决策在项目开始之后做出 动员之前 DB 方做整体项目规划和进度计划（单一责任制使其可能）
IPD	至少包括业主方、建筑师和承包方的多方之间的合同安排	风险和利益共享 设计和施工连续执行 至少三个主要参与方：业主方、建筑师和承包方 一些施工相关决策在项目开始之后做出 由整个团队合作制定整体项目规划和进度计划 最终建筑师和承包商团队的选择通常是采用直接协商或 QBS 或最佳价值法（费用）

比较表 2-3 中各 PDM 的定义性特征可发现，CMR 与 DBB 较为相似，但与 DBB 相比，CMR 具有一定程度的集成性，所以也可认为其介于 DBB 和 DB 之间。而 IPD 则可视为是在 DB 基础上发展起来的一种更为综合的 PDM。从国内外发展趋势看，工程建设行业正在转向越来越综合的 PDM。

基于上述分析，本书仍然采用传统分类方法，根据设计和施工是否整合且通过单一合同获得，将 PDM 分为以 DB 为代表的工程总承包方式和以 DBB 为代表的传统方式，如图 2-4 所示。

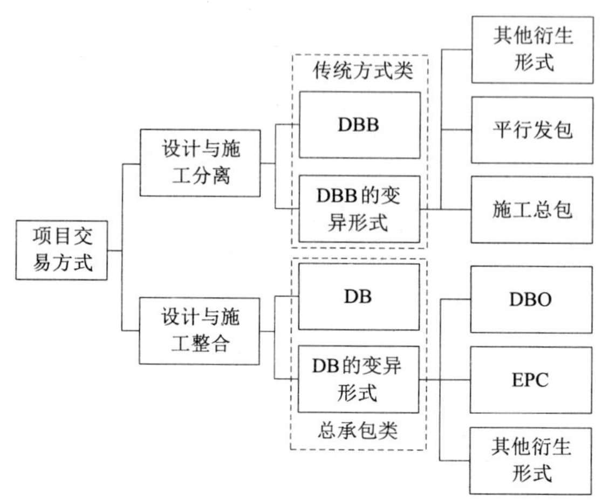

图 2-4　项目交易方式的分类

Fig.2-4　Classification of project delivery mehtod

2.1.3　工程总承包与传统交易方式的比较：实证与案例

大量研究和工程实践表明，每种 PDM 都具有自身的优势和劣势。在我国，不同 PDM 下项目绩效比较的实证研究还极其鲜见，而在欧美发达国家相关研究成果已十分丰富，且研究最多的是 DB、DBB 和 CMR 三种方式的绩效问题。如第 1 章所述，在众多研究中，影响较大的是美国宾夕法尼亚州立大学 Konchar 等、英国里丁大学 Bennett 等，以及美国高速公路管理局（FHWA）的实证研究。对于 DB 和 DBB 的比较，上述 3 项研究结果对比见表 2-4。

DB 和 DBB 绩效指标平均百分比差异　　表 2-4

Percentage of average difference between PDMs by metrics　Table 2-4

多变量	宾夕法尼亚州立大学（Konchar 等）：DB vs DBB（%）	里丁 DB 论坛（Bennett 等）：DB vs DBB（%）	美国高速公路管理局（FHWA）：DB vs DBB（%）
单位成本	6 低	13 低	3 低
建设速度	12 快	12 快	/
交付速度	33 快	30 快	14 快
成本增长	5.2 低	/	/
进度增长	11.4 低	/	/

在水/污水设施领域，美国水DB委员会（Water Design - Build Council）研究了147个水/废水项目，发现38%的DB项目在预算内完成，而只有20%的DBB项目是在预算内完成的;DB项目总体上比DBB项目具有更低的进度增长，更多的DB项目能及时或提前完工。其主要成果数据见表2-5。

可以发现，上述两项研究中DB项目的绩效与DBB项目的绩效相比总体上均要优越。

水/废水设施项目中DB和DBB绩效比较（中位值）　　表2-5

Performance comparison of DB and DBB for water/wastewater facilities (median values)　　Table 2-5

绩效测度	DB	DBB
工期（月）	23	40
进度增长（月）	1.0	2.0
进度增长小于等于0的项目比例（%）	41	36
成本（百万美元）	12	8
成本增长（%）	1.6	3.6
成本增长小于等于0的项目比例（%）	38	20

到目前为止，国内关于不同交易方式下工程项目绩效比较方面的研究还比较少见，相关实证或案例研究更是十分鲜见。2007年，洪伟民和王卓甫等对DB和DBB的总成本进行了比较，他们从交易费用理论出发，将建设工程总成本分为合同前交易费用、生产费用和合同后交易费用三个组成部分，建立了建设工程交易方式总成本比较分析框架，并应用此框架对水利部太湖流域管理局第一个DB试验项目和相应等效的传统交易方式DBB进行实证分析，结果显示，DB方式与等效的DBB方式相比，合同前交易费用、生产费用和合同后交易费用分别低50.66%、8.4%和42.85%[28]。2011年，陈勇强等基于返工成本率、变更成本率、成本超支率三个指标，对181个项目的数据进行了统计分析，研究发现，与DBB项目相比，DB项目显著降低了项目的成本超支率，返工成本率和变更成本率也较低[29]。

2009年，广东省开始水利工程总承包的试点，探索水利水电工程总承包的应用。广东省水利厅2008年9月发文，决定有针对性地选择部分水利工程进行工程总承包的试点工作，并于2009年成立水利工程实行工程总承包（试点）

领导小组及办公室，以推动工程总承包试点工作。实践表明，水利建设工程总承包具有强大的生命力，主要表现在：责任主体单一，可进一步落实建设责任；可利用总承包方的技术优势，有效解决工程技术问题；可实行设计施工的合理搭接，缩短建设工期；可利用总承包方的资金 / 融资优势解决业主方资金短期内不到位的问题。

2.1.4 工程总承包的本质内涵：设计施工一体化

根据上一章的界定，本书所指的工程总承包是至少包括设计和施工的工程总承包，如 DB 和 EPC 等，由于设计和施工通常是工程项目建设发包中最重要的两项内容，因此 EPC 等其他比 DB 方式发包范围更大的工程总承包，也常被视为 DB 的变异形式，故，本书将他们统称为工程总承包，即本书所提工程总承包的概念包括 DB 和 EPC 等以及它们的衍生方式，方便起见，本书将工程总承包直接译为 Design-Build。表 2-6 列举了一些工程总承包方式的衍生形式。

工程总承包方式的衍生方式 表 2-6
Variations of Design-Build method Table 2-6

工程总承包方式	衍生形式	特点
DB	DB（初步设计后）	初步设计完成后，设计施工一并发包
	DB（招标设计后）	技术设计 / 招标设计完成后，设计施工一并发包
EPC	EPC（初步设计后）	初步设计完成后，设计施工一并发包
	EPC（招标设计后）	技术设计 / 招标设计完成后，设计施工一并发包

美国设计建造学会（Design-Build Institute of America，DBIA）认为，设计施工总承包（DB）是指这样一种项目交易方式，即由一个实体——DB 团队与项目业主方签订单一的合同，为业主方提供设计和施工服务。从概念设计到项目完成，都是一个实体，一个合同，一个统一的工作流程[30]。美国建筑师学会（American Institute of Architects，AIA）认为，在 DB 交易方式中，业主方与一个设计建造商（design-builder）签订一个合同，这个设计建造商承担项目的设计和施工任务。需要时，设计建造商再与建筑师和施工承包商签订合同[31]。

AIA 和 AGC 联合编纂的 PDM 初级读本给出了 DB 的定义性特征和典型性特征（表 2-3），其中定义性特征是用来定义一种 PDM 时必需的特征，而典型性特征是一种 PDM 的常见特征，但并非定义这种 PDM 时必需的特征。根据表 2-3，识别 DB 的定义性特征包括两个：

（1）两个主要的参与方：业主方和 DB 实体方（Design-Build Entity）；

（2）一个合同——业主方和 DB 实体方之间的合同。

我国住房城乡建设部给工程总承包下的定义为：从事工程总承包的企业受业主方委托，按照合同约定对工程项目的勘察、设计、采购、施工、试运行（竣工验收）等实行全过程或若干阶段的承包。工程总承包企业对承包工程的质量、安全、工期、造价全面负责。

比较上述对工程总承包的不同定义可知，工程总承包的本质内涵是：设计施工的一体化。事实上，表 2-3 中 DB 的两个定义性特征（两个主要的参与方、合同的单一性）本质上均是设计施工的一体化带来的结果。

研究和实践表明，在工程项目作出投资决策后，控制项目投资的关键就在于设计。从设计、采购到施工，随着项目实施进程，可控的项目投资逐渐递减，而且每一个阶段也是从始至终逐渐递减的[32]。其中，不同设计阶段和施工阶段影响项目投资的可能性见表 2-7。此外，在满足相同使用功能的前提下，技术和经济合理的设计，可降低工程总造价的 5% ~ 20%[33, 34]。

不同阶段影响项目投资的可能性 表 2-7

Possibilities of influencing project investment at different stages Table 2-7

项目阶段	影响项目投资的可能性
初步设计阶段	75% ~ 95%
技术设计阶段	35% ~ 75%
施工图设计阶段	5% ~ 35%
施工阶段	10%

因此，采用工程总承包后，承包方可充分发挥其优势，开展设计施工一体优化，通过施工阶段反馈的信息不断进行设计优化，通过优化不仅可以在材质的合理采用及工程量减少方面带来直接成本降低，同时也可以节省施工安装费用。

然而，目前存在较为普遍的关于工程总承包的错误认识，认为工程总承包就是固定总价，采用价格“一笔包死”的合同就是工程总承包。这是对相关概念缺乏正确认识造成的。本质上，工程总承包是对工作内容的承包，而不是对价格或成本的承包[35]。因此，工程总承包方式的最大优势并不在于采用固定总价合同，也不在于合同治理结构简单，而在于其将工程设计和施工整合，然后发包给一个承包商（如 DB 实体）。实行工程总承包，可激发总承包商优化工程的积极性；设计与施工的结合，为总承包商优化工程提供平台和空间。

2.1.5 工程总承包的最终目的：项目增值

如上文所述，工程项目交易方式是项目成功的关键因素之一，即影响项目目标实现程度的关键因素之一，选择一个合理的工程项目交易方式能够有效提高工程项目绩效。因此，对于一个特定的工程项目而言，是采用传统的DBB方式，还是实行工程总承包，需要通过分析回答一个问题，即哪种方式更能实现项目目标，提高项目绩效，从而确保项目成功？换一种思路，假定工程项目默认的交易方式是传统的DBB方式，那么在项目交易方式决策时，就是要分析该项目实行工程总承包等替代方式之后，与默认的DBB方式相比能否使项目获得更优的绩效。在这样一种比较视角下，本书引入“项目增值”的概念，则实行工程总承包的最终目的可归结为：通过设计和施工过程的组织集成，促进结合，实现项目增值。关于项目增值的具体内涵，下文将加以界定。

2.1.6 水利水电工程实行工程总承包的可行性：潜在增值的视角

我国水利水电工程建设领域长期以来基本采用传统的设计与施工相分离的DBB方式。随着我国市场经济的发展和改革开放的不断深入，一些新的建设管理体制或模式逐步出现，使得理论界和工程界越来越认识到DBB方式的诸多弊端，很多人开始呼吁在水利水电建设领域引进设计施工总承包交易方式。然而，在传统观念的影响下，相当一部分人认为，由于水利工程项目往往具有“现场数据”不确定性较大的特点，如果采用工程总承包会使总承包商的风险过大，因此他们认为工程总承包不适合于水利水电工程，这种片面的认识，阻碍了工程总承包方式在“现场数据”不确定性较大的水利水电建设项目上的应用。究其原因，这种片面认识的形成是因为他们误认为工程总承包就应该采用固定总价合同，因而总承包商风险较大。但事实上，工程总承包并不一定均要采用固定总价合同，这种交易方式本身并不一定会使某一方的风险过大，关键在于对不确定性较大的工程，要重新设计出与其合理配套的合同计价方式和风险、利益分配方案，通过风险、利益在合同中的合理分配来使双方利益最大化。

根据上文的分析，工程总承包方式和固定总价合同是两个不同的概念，分属于工程项目交易方式和合同计价方式。不同项目交易方式通常需要不同的合同计价方式与之匹配作为支撑，并且合同计价方式的选择或设计除了考虑项目交易方式之外，还应考虑具体工程项目的特殊性。本书工程总承包是指至少包括设计和施工的工程总承包，本质上是对工作内容的承包，而不是对价格或成本的承包。工程总承包最大优势就在于其将工程设计和施工整合发包给一个承包商，而不在于是否采用固定总价合同。

水利水电工程项目复杂程度高，“现场数据”不确定性大，这使得水利水电工程在实行工程总承包后具有更大的优化空间，业主方通过适当的合同安排来激发总承包商优化工程的积极性，由于设计与施工的结合为总承包商优化工程提供了平台和空间，因此，实行工程总承包方式将使某些水利水电建设项目产生明显的增值效果。从这种意义上说，某些水利水电工程项目在实行工程总承包后，很可能可以明显提高项目价值，即存在相比于采用传统DBB方式的“潜在增值”。因此理论上而言，工程总承包在水利水电建设领域的应用是可行的，甚至对复杂程度高、施工难度大的水利水电建设项目，更有必要实施工程总承包，只是在具体运作上不能采用价格承包的方式，即应该抛开承包价格的约束，研究如何完善水利水电工程总承包的相关配套制度。当然，和其他行业一样，并非所有的水利水电工程均适合采用工程总承包，也并非传统的DBB方式在任何场合均不如工程总承包，只是每种交易方式都不是完美的，都有自己的应用环境，这是一个需要深入研究的问题。

另外，2009年开始，广东省先后选择了8个水利建设项目，在全国率先较大规模地开展水利工程总承包试点。通过调查发现，一些较为复杂、“现场数据”不确定性较大的水利建设项目，在实行工程总承包后，激发了承包商较大的优化工程的动力，并找到了工程一定的优化空间，使项目产生明显增值，显示了工程总承包在水利建设领域应用的强大生命力。

综合以上分析，水利水电工程实行工程总承包，具有与传统交易方式相比的潜在增值，因而在某些项目上应用是可行的。

2.2 水利水电工程总承包项目交易要素分析

建设工程的特点之一是生产过程和交易过程相交织，因此工程活动应遵循项目交易的基本规律。根据建设工程交易理论[26]，工程交易要素主要包括：交易客体、交易主体、交易管理、交易环境和交易合同等，水利水电工程总承包交易也不例外。对于水利水电工程总承包交易，其交易客体是水利水电工程，核心的交易主体包括业主方和总承包商。

2.2.1 交易客体分析：水利水电工程的特点

建设工程交易客体，常指被交易的建设工程产品／实体，或建设工程设计，或管理服务，其中最主要的是工程产品／实体，建设工程设计或管理服务均是服务于工程产品／实体的形成。交易客体分析主要是分析水利水电工程的特点以及对工程交易方式的影响。

总体而言，水利水电工程建设周期一般较长、投资较大，施工技术复杂，施工条件也复杂，且受自然条件影响较大，在建设过程中风险因素繁多且不确定性大，另外水利水电工程一般由政府投资，可能会由于预防腐败的要求使其效率降低。具体分析如下：

（1）和其他工程相比，水利水电工程最大的特点是边界条件的不确定性、复杂程度高，或者说是“现场数据”的不确定性大，即地质条件方面的数据具有较大的不确定性，因此风险往往较大。但另一方面，水利水电工程不确定性大和复杂程度高、风险大也意味着其优化空间大，因而潜在的“增值”可能就大。当工程较为复杂时，工程设计与施工联系紧密，实施过程设计、施工的协调管理工作会明显增加，因此实行设计施工一体化对工程整体优化、提高“可建造性”通常具有明显优势，当然这也对工程总承包方的能力、经验，以及信用等各个方面提出了更高的要求。因此，目前国际大型复杂的工程经常采用工程总承包（DB 或 EPC）方式，选择具有丰富的经验和实力强的承包商[36]。另外，由于水利水电工程施工周期通常较长，实施期间的水文条件千差万别，施工期防洪体系的设立以及安全度汛的风险都是较大的。水利水电工程常常因为实际水情变化与预先设定的防洪标准不符，从而导致洪水对已修建的工程造成毁灭性的损失。对此类风险的防范，也存在着很大的不确定性[37]。

（2）水利水电工程的单一性和其他工程相比也更明显，任何两个水利水电工程之间的规模和结构形式可能类似，但它们的外部自然条件往往是千变万化的，其工程结构也不一样。可以说，世界上没有两个完全相同的水利水电工程。

（3）水利水电工程多属公益性项目，一般由政府投资，真正的业主方缺位，从这个意义上说，采用工程总承包，委托信誉好、实力强的承包方承担工程总承包任务，也可在一定程度上减少业主方的管理工作量。

（4）工程规模通常较大。工程规模一般可用工程投资规模、工程结构尺寸等指标去衡量，并分为大型工程、中型工程和小型工程。对于大型建设工程，其对承包商的能力、经验会提出较高的要求，对业主方的管理能力和经验也是挑战。因此，许多大型工程经常采用 m-DB 或 m-EPC 的交易方式，即将整个工程项目分成相对独立的几个子项，然后在子项工程上采用 DB 或 EPC 交易方式。如具有四项世界第一的苏通长江大桥工程，不论是工程投资还是结构尺寸，都属于特大型工程。业主方根据工程结构特点，将工程合理切块，对部分相对独立的子项分别采用 EPC 方式发包，取得了明显的技术经济效果。

（5）实施过程中子项工程的依赖程度较强。如对水利水电枢纽工程，工程十分集中，所以子项间在施工中依赖性较强。若使其采用 DBB（分项发包）方式，则在施工过程中不同承包商之间的干扰会十分明显，最终结果是协调管理工作量的显著增加，交易费用的大幅上升。而采用 DB 或 EPC 时，一般不存在承包商之间施工期间的相互干扰。因此，当工程相对集中、子项目间施工联系紧密时，经常采用 DB 或 EPC 方式。

2.2.2 交易主体分析：业主方与总承包商对交易成功的影响

水利水电工程总承包交易中，交易主体主要为业主方和总承包商。业主方的要求在项目交易中显然非常重要，而总承包商在技术和项目管理等方面的综合能力对项目成功的影响也极大。

（1）业主方及其影响。由于水利水电工程一般属政府投资的公益性项目，所以其业主方实际是缺位的，这对于水利水电工程项目治理提出了挑战。一方面，选择或设计什么样的工程交易方式，业主方起主导的、决定性的作用，因此业主方的偏好、管理文化对工程交易方式的选择将产生重要的影响。另一方面，建设工程管理是一项专业性较强的管理工作，并不是所有建设工程业主方都具有这种管理能力。事实上，对于大多数水利水电工程业主方来说，组织工程建设可能是一项一次性的任务，一般很少有建设工程管理的专门人才，因而其工程建设管理问题往往更大。在这种背景下，采用工程总承包，可以减少业主方的管理工作量。

（2）总承包商及其影响。业主方为获得建设工程产品，首先需要从建设工程市场上获得满足要求的建设工程承包方，即建设工程交易中的卖方。一般而言，不同的交易方式，业主方对承包方的资质和能力要求不同。当工程建设市场发育较充分，有足够多不同类型的承包商可供选择时，对交易方式的选择限制性就较小；反之对交易方式的选择就有较大的限制。例如，当工程建设市场上具有工程总承包能力的总承包商很少或供应不足时，采用 EPC

或DB方式可能就不太现实。主要原因有两个：一是在市场经济条件下，总承包商很少时，应用并不普遍，说明工程总承包条件还不成熟；二是总承包商很少时，参与工程投标竞争的对手就少，理论上可以证明，此时工程承包合同价就较高。因此，设计工程交易方式时，有必要考虑工程建设市场相应承包主体数量的多少。对于水利水电工程总承包项目，总承包商的经验、能力、诚信，以及对风险的偏好等方面的特点，都将对项目成功产生较大的影响，而目前国内水利水电建设工程交易市场上，具有工程总承包能力的企业并不多见，这在一定程度上影响了水利水电工程总承包的开展，因此有必要进一步培育更多的水利水电工程总承包主体，以形成适度竞争，支持工程总承包在水利水电建设领域的健康发展。

2.2.3 交易管理分析：业主方监管方式的选择

工程总承包环境下，存在业主方与总承包商、总承包商与分包商两层工程交易合同关系。因此，在这种情况下，工程项目交易管理有必要分两个层面：业主商与总承包商间的交易管理，以及总承包商与分包商间的交易管理。对于后者，工程总承包商通常委托施工监理方对施工分包合同进行管理，这与一般工程施工监理相同。但是对于业主方与工程总承包商之间的交易管理，目前却存在争议。例如，2009年开始的广东省水利建设工程总承包试点项目中，各项目法人通过招标方式选择了广东省水利电力规划勘测设计研究院和广州市水务规划勘测设计研究院为工程总承包商，实际上形成了以设计单位为龙头的工程总承包形式。在所有试点水利工程项目中，工程交易管理的第一层面，即业主方与总承包商间的交易管理，项目法人采用的均是业主方自己管理的方式，没有引进第三方参与协调管理。这主要是受传统观念的影响，即认为工程总承包方式下只能由总承包商来委托监理。

事实上，对于工程总承包项目，业主方的监管方式是指业主方对总承包商的监管方式。此时，业主方不仅要聘请施工监理，而且要实施设计监理，因此这种方式和传统DBB方式是存在差异的。以广东水利建设工程总承包试点项目为例，不论是业主方，还是总承包商，其相关人员的知识结构和经验是存在一些缺陷的，表现为工程建设经验不足或不全面。而水利建设工程实施过程存在较多的不确定因素，这些不确定会引起工程技术方案的调整、风险的重新分配以及合同的不完备。面对这些复杂的问题，尽管试点工程的项目法人和总承包商具有相互信任的基础，以及无形的政府水行政主管部门协调作用的存在，但还不足以及时解决工程实施中存在的追求目标差异、双方利益或意志相冲突的问题。因此，工程业主方和总承包方之间需要引进高层次的第三方对工程技术方案调整、项目风险分配等重要问题进行协调，而该第三方并不是目前建设市场上的施工监理能胜任的。

2.2.4 交易环境分析：风险与不完全信息

任何交易总是在一定环境下完成的，这种交易环境包括经济社会环境和自然环境。在建设工程交易中，环境的复杂性和信息的不完全性是工程项目管理面临的较大的挑战，这种挑战使交易双方无法及时掌握项目实施环境的充分信息。信息不完全的交易环境将使得项目实施过程中承发包双方之间存在严重的信息不对称现象，加剧了双方委托代理关系的负面影响。

从微观层面看，在水利水电工程交易中，其风险与信息的不完全性较其他工程交易更明显。一方面，水利水电工程本身的特点决定业主方对于工程产品的需求和实施计划之间存在信息的不对称。业主方对工程产品的需求一般是在项目实施过程中逐步细化的，而实施计划往往被要求在项目启动时就较详细，这将增加项目实施期间风险事件的发生概率。另一方面，水利水电工程项目业主方和承包方之间的信息不对称更为严重，承发包双方可能存在不信任感，使得承包方为了自身利益存在隐藏一些信息的动机。此外，如前文所述，水利水电工程项目具有更为明显的单件性，因此在项目交付之前，任何人都不可能拥有完全信息，即这种单件性也将导致信息不完全。

从宏观层面看，水利水电工程交易还受经济社会环境、法律环境和市场环境等的影响，如征地拆迁 / 移民的影响，国家和工程所在地的政策法规的影响，以及建设市场发育程度的影响。

水利水电工程交易通常具有历时长、与实施过程相交织等特点，对交易环境非常敏感。因此，在风险与信息不完全的交易环境下，交易方式也会受到较大的影响。举例说明如下：

（1）工程实施现场环境对水利水电工程交易方式的影响。工程实施现场环境包括施工场地占用、施工道路占用和施工临时设施布置等条件。由于工程交易与工程实施相交织，且同步进行，工程实施现场条件对交易方式的选择影响较大。如南水北调东线工程江苏境内沿线分布的河道工程，投资规模不大却绵延数公里，甚至数十公里。这些标段施工难度并不大，但在施工过程中，交通道路占用、废弃土料堆放、施工临时用地的征用等方面遇到较多的干扰。对此，业主方不得不采用DBB（分项发包）方式，并采用委托地方政府来组建项目现场管理机构的办法，对项目的实施进行管理。

（2）国家和工程所在地的政策法规的影响。水利水电工程交易是一种较为特殊的交易，经常关系到公共利益和公共安全，因此国家和工程所在地政府均有政策法规对工程交易进行限制或规范交易双方的行为。因此，国家和工程所在地的政策法规对工程交易方式存在不同程度的影响。

（3）建设市场发育程度的影响。在水利水电工程交易中，业主方根据工程特点、交易方式等在建设市场上选择承包商，而建设市场能提供什么样的承包商与建设市场的发育程度相关。如，我国建设市场开放仅有20多年，而且在计划经济体制和传统的工程设计与施工专业分工的影响下，建设市场发育不健全。专业化设计或施工队伍庞大，水平也较高，但设计施工综合型、能扮演DB或EPC等总承包商的队伍稀缺。因此，目前推行DB或EPC等总承包发包方式，有必要加强对总承包商的培育。

2.2.5 交易合同分析：风险与利益的合理分配

工程项目交易合同和项目交易方式通常被一起提及，两者是密不可分的。一种交易方式的成功实施需要合适的交易合同来支撑，即交易合同需要与交易方式相匹配。没有合适的交易合同的支撑，任何交易方式都不能独立发挥其作用。从这种意义上说，交易合同应该与交易方式一起进行系统设计。

对于水利水电工程，相当一部分人认为由于其不确定性大，如果采用工程总承包将造成总承包商风险过大，因而判定水利水电工程不适合采用工程总承包。这种观点其实是在这样一个假设的前提条件下才成立的，即实行工程总承包就应该采用固定总价合同。问题的关键正是在于交易合同，只要能设计出合适的交易合同，对风险或利益进行合理分配，就不会造成总承包商风险过大的问题了。因此，对实行工程总承包的水利水电工程，设计或选择出合理的交易合同，是项目成功的关键因素之一。

工程项目的风险首先取决于合同的类型，然后再取决于合同的激励条款。因此，在确定交易合同类型之后，还需要对合同中的一些参数进行研究，确定风险／收益分配的具体方案。如，对总承包商进行设计优化的成本、风险成本等，业主方应如何进行补偿；对于总承包商实行优化产生的利润，业主方应给予何种奖励或应该如何分成；奖励、分成比例如何确定等，这些均是交易合同中应该解决的问题。

2.2.6 水利水电工程总承包项目成功因素分析：交易要素的视角

根据上述交易要素分析可知，水利水电工程总承包项目的成功因素存在于各交易要素方面。

（1）交易客体方面的因素。即水利水电工程本身的特点，包括水利水电工程的不确定性和复杂性等方面的特征，它们在一定程度上决定了该工程项目是否适合采用工程总承包方式。

（2）交易主体与交易管理方面的因素。既包括业主方要求的明确性、业主方的项目管理能力等，也包括总承包商的经验、资质、诚信等方面的综合能力。由此，这些因素又涉及业主方管理方式的问题，业主方选择总承包商的方法、评标方法的科学性等问题。

（3）交易环境方面的因素。包括政治、经济、自然风险的大小，征地移民等的困难程度，相关法律是否允许工程总承包等。

（4）交易合同方面，主要涉及合同风险 / 利益分配是否合理的问题。采用工程总承包后，相应的合同计价方式要与之相匹配，通过合理分配风险、利益，鼓励总承包商积极发挥工程总承包的优势，通过工程优化实现项目增值，并使业主方和总承包商达到“双赢”。

Lam 等[38]曾提出了在香港视角下一套 DB 项目的成功指标。经过多元统计分析得到 3 个 DB 项目成功因素：项目属性、有效的项目管理行为和创新管理方法的应用。Koch 等提出的 DB 项目成功因素则包括：更高信任程度和合作水平；业主方制定明确的、功能驱动的绩效指标；要在思想文化上从 DBB 方式转变过来；让团队更早一起参与进来；等等[39]。这些研究成果也可为水利水电工程总承包项目成功因素分析提供参考。

2.3 水利水电工程总承包项目增值及其分配问题

水利水电工程总承包交易过程中，存在较大的不确定性或风险，而风险总是和利益并存的，即水利水电工程总承包潜在利益也将增大，要激励承包商最大程度发挥工程总承包的优势，应按风险共担、利益共享的原则，使双方目标一致。

2.3.1 项目增值的重新界定：风险与利益的统称

在经济学中，增值多指实现等价的财务节约或收益，但并不是仅基于单位价格的变动，即增值是相对的。对某种商品而言，若其他商品没有相应的价值增加，则表示该商品增值了。但是，若其他商品也有相应的价值增加，则该商品并非增值了。同济大学丁士昭教授曾提出工程管理中增值的概念，他将增值分为工程建设增值和工程使用／运行增值[40, 41]，如图 2-5 所示。他还指出了通过建设前期策划增值、通过建设实施的控制与管理增值，以及通过设施管理增值三条达到增值的途径。

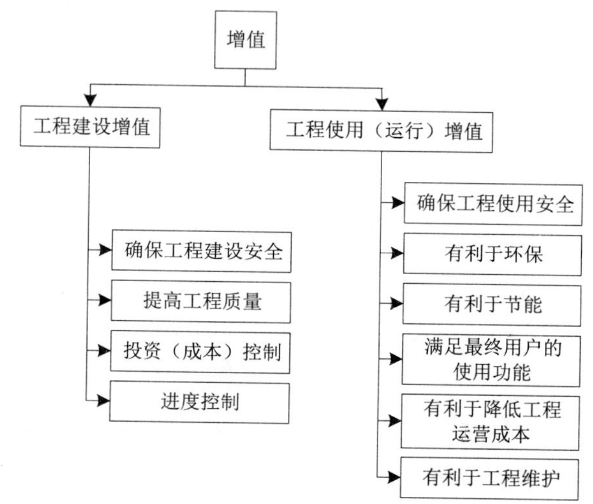

图 2-5　工程管理中广义的增值概念

Fig.2-5　Generalized concept of added value in Construction Management

由于本书研究的是工程总承包，且主要涉及水利水电工程的建设，而不研究水利水电工程的运行，因此本研究所指“项目增值”在一定程度上可视为工程建设增值的范畴。可以看出，项目增值最终是体现在项目目标（成本、工期等）上的，考虑到对具体的水利水电工程项目而言，在决定采用何种工程交易方式时，一般不应就不同决策方案而改变工程的功能、规模，以及对质量、安全等目标的要求，因此本书项目增值主要考虑在工程功能、规模和质量要求不变的条件下成本和工期两个目标上体现的增值。这种增值可能是成本节约、工期缩短带来的收益，也可能是成本超支、工期延长的风险，为方便起见，本书将它们统称为增值，即本书中项目增值的概念是风险和利益的统称，存在正负之分。

综合上述考虑，本书将“项目增值”界定为：在工程功能、规模和质量要求不变的条件下，工程建设过程中（不包括工程运行）工程造价的降低或建设工期的缩短带来的项目价值的增加。此处项目价值的增加有正负之分。若工程造价提高或建设工期延长，则属工程交易风险，本书将其视为负增值。在没有特别说明的情况下，本书所提增值均指正增值。

2.3.2 两种“增值”的差异：不同参照系

理论上而言，一个具体水利水电工程项目决定采用工程总承包方式，是因为业主方通过评估，预期该项目实行工程总承包与采用传统的DBB方式相比能实现“项目增值”，这种预期的项目增值是在项目开始实施之前一种预测的理论上的增值，即一种潜在增值，这种潜在增值是不考虑实际项目实施情况的一种客观存在的增值空间，而实际实施过程中能在多大程度上实现增值还要受到其他多种因素的影响，如总承包商优化工程的能力，业主方对总承包商优化工程的激励及由此引起总承包商付出的努力程度，即总承包商实施工程优化的积极性。在现实因素的影响下，通过总承包商付出实际行动而实际产生的增值往往达不到潜在增值的最大值，即潜在增值通常不可能完全实现。

本书主要研究工程总承包应用决策，以及风险和利益的分配问题，在这两个问题上，增值的比较对象是存在差异的。对于前者，即在研究工程总承包应用决策时，项目增值是指该项目实行工程总承包后相对于传统DBB方式的增值；而在风险或利益分配时，项目增值是指实际值相对于合同规定值的增值。

也就是说，在研究上述两个问题时，增值的参照系是不同的，比较结果见表2-8。

两种“增值”及其用途　　表2-8

Two kinds of “added value” and its application　　Table 2-8

	工程总承包相对于DBB的增值	实际值相对于合同值的增值
比较对象	和DBB方式相比，采用工程总承包后实现的增值	和合同规定值相比，超过或节约的那部分形成的增值
用途	工程总承包应用决策	风险或利益的合同分配

在下文的研究中，将以上述两种增值为分析工具，研究水利水电工程总承包应用决策，以及水利水电工程总承包项目中风险或利益的分配问题。

2.3.3 项目增值分配：风险或利益分配在合同中的反映

当业主方选择了某总承包商之后，非常重要的工作之一就是通过谈判签订交易合同。而在交易合同中，最关键的就是合同价格条款，这也是总承包商最为关心的。由于项目增值是总承包商通过工程设计优化实现的成本节约或工期缩短，总承包商为此付出了努力成本，因此需要将其在业主商和总承包商之间进行合理分配，才能激发总承包商优化工程、降低成本的积极性，而项目增值如何分配则取决于交易合同中价格条款的设计。

另一方面，根据上文对项目增值的内涵界定及表 2-8，项目增值分配实质上是相对于合同规定值的增值的分配。但这种增值的分配和风险分配一样，必须通过合同进行。因为增值的分配首先就取决于合同计价方式，然后还可以按照事先在合同中约定分配的方案进行。即在签订合同时，将项目增值分配方案写入合同。当实际项目增值发生时，合同双方将根据合同事先约定的方案对实际项目增值进行分配。

2.3.4 增值分配的影响效应分析

对风险分配，Oudot 认为其对工程总成本的影响包括三方面的效应，即生产成本效应、交易成本效应和风险承担成本效应。其中，生产成本效应是指风险分配可激励风险承担者有效控制风险，降低风险发生的概率，从而减少生产成本；交易成本效应是指，具有明确风险分配原则和格局，可避免合同双方在风险分配问题上的复杂谈判，从而减少谈判时间，降低交易成本；而风险承担成本效应则是指风险承担者会要求相应的风险补偿，导致项目成本的增加[42]。

和风险分配一样，项目增值分配也具有激励的功能。通过合理分配项目增值，业主方鼓励总承包商实施工程优化，通过优化降低成本或缩短工期，最终目的是达到双赢。

如上文所述，水利水电工程总承包项目区别于普通工程总承包项目的突出特点之一是“现场数据”的不确定性大，其可能引发工程量不确定风险，也可能通过总承包商的优化获得更大的成本节约，总之可能带来相对于传统交易方式的项目增值。显然，针对工程量不确定风险或优化收益的不同增值分配方案无疑会对项目成本或承发包双方产生不同的影响。

由于总承包商较业主方而言是控制“现场数据”不确定性风险更有效的一方，一个合理的项目增值分配方案将会激励总承包商优化工程。随着工程建设的进行，当实际工程量有机会减少时，总承包商有动力实施工程设计优化，虽然这需要付出额外的成本，但承包商能够分配得到相应的增值效益。反之，如果总承包商无法合理参与工程量减少带来成本节约（增值）的分成，总承包商将失去优化工程的积极性，工程总承包方式的优势将无法发挥，业主方节约投资的愿望将落空，因为业主方节约投资进而达到增值目的的愿望是要在承包商付出额外成本的前提下才能实现的[43]。

从合同价来看，项目增值分配的影响也比较重要。对承包商而言，合同价通常包括：①不考虑风险因素时，仅根据业主方提供的初步设计以及工程功能要求估算出的工程建设基本费用；②与承担风险的多少相对应的那部分风险费用；③承包商自身的期望利润。由此，若业主方较多地承担工程量不确定风险或将由此引起的项目增值合理分配给总承包商，则相应地承包商承担的风险就有所降低，因此承包商投标时会基于此考虑降低风险费用，而工程建设基本费用以及利润一般变化幅度不大，所以总体而言会使得合同价有所下降。相反，在发包方较少地承担工程量不确定风险时，承包商承担的风险就将增加，因此承包商将会在投标报价时增加一定的风险费用，用于应对承担风险责任，此时合同价将会有所提高。

2.4 本章小结

工程总承包已是国际上较为流行的一种主流项目交易方式，在我国石油化工等建设领域应用也较多，但在我国水利建设行业的应用却较为滞后。本章从工程项目交易方式入手，分析了其内涵和分类，比较了工程总承包与传统交易方式实证与案例方面的研究结果，在此基础上提炼了工程总承包的本质内涵和最终目的，进而从潜在增值的视角探讨了水利水电工程实行工程总承包的可行性。

与其他工程建设领域相比，水利水电工程总承包具有其特殊性，表现在多个方面。本章从交易的视角，分析了水利水电工程总承包项目交易要素，包括交易客体、交易主体、交易管理、交易环境和交易合同五个方面，在交易要素分析的基础上对水利水电工程总承包项目的成功因素作了简要分析。

本章最后提出了水利水电工程总承包项目增值及其分配问题。将项目增值定义为风险和利益的统称，并根据参照系的不同指出了工程总承包相对于DBB的增值和实际值相对于合同规定值的增值这两种增值的差异。其中，前者是工程总承包应用决策的基础，而后者是项目增值的合同分配对象，项目增值分配对承发包方双方和合同价均有重要影响。

本章参考文献

[1] 杨高升，王敏，王卓甫 . 建设工程交易方式设计分析 [J]. 建筑经济，2007（7）：109–112.

[2] 朱禄娟 . 国际工程项目交付方式的启示 [J]. 建筑经济，2006（2）：64–67.

[3] Love P E D. Influence of project type and procurement method on rework costs in building construction projects [J]. Journal of Construction Engineering and Management，2002，128（1）：18–29.

[4] Rwelamila P D，Edries R. Project procurement competence and knowledge base of civil engineering consultants: an empirical study [J]. Journal of Management in Engineering，2007，23（4）：182–192.

[5] 张水波，陈勇强 . 国际工程总承包 EPC 交钥匙合同与管理 [M]. 北京：中国电力出版社，2009: 126–133.

[6] Associated General Contractors of America（AGC）. Project Delivery Systems for Construction（3rd Edition）[M]. Associated General Contractors of America，Arlington，VA，2011.

[7] Construction Management Association of America（CMAA）. Managing Integrated Project Delivery [M]. Construction Management Association of America，McLean，VA，2009.

[8] Azari–Najafabadi R，Ballard G，Cho S，et al. A Dream of Ideal Project Delivery System [C]. ASCE AEI 2011，2011: 427–436.

[9] Texas Department of Transportation. Project Delivery Methods and Contracting Approaches Available for Implementation by TxDOT [R]. Texas Department of Transportation，Austin，Texas，2001.

[10] Anderson S，Oyetunji A. Selection procedure for project delivery and contract strategy [C]. Construction Research Congress，2003: 1–9.

[11] Touran A，Gransberg D D，Molenaar K R，et al. Selection of project delivery method in transit: drivers and objectives [J]. Journal of Management in Engineering，2011，27（1）：21–27.

[12] Ghavamifar K. A decision support system for project delivery method selection in the transit industry [D]. Boston: Northeastern University，2009.

[13] Pishdad P B，Beliveau Y J. Analysis of existing project delivery and contracting

strategy (PDCS) selection tools with a look towards [J]. Working paper, 2013.

[14] Molenaar K, Harper C, Tran D. Guidebook for Selecting Project Delivery Methods and Alternative Contracting Strategies [R]. Boulder: University of Colorado-Boulder, Colorado, 2012.

[15] American Institute of Architects and Associated General Contractors of America. Primer on project delivery (second edition) [M]. AIA, Washington DC, 2011.

[16] Culp G. Alternative project delivery methods for water and wastewater projects: do they save time and money? [J]. Leadership and Management in Engineering, 2011, (11) : 231-240.

[17] Trauner Consulting Services (TCS) . Construction project delivery systems and procurement practices [R]. Trauner Consulting Services, 2007.

[18] Oyetunjia A, Anderson S. Relative effectiveness of project delivery and contract strategies [J]. Journal of Construction Engineering and Management, 2006, 132 (1) : 3-13.

[19] Mahdi I, M. Alreshaid K. Decision support system for selecting the proper project delivery method using analytical hierarchy process (AHP) [J]. International Journal of Project Management, 2005, 3 (7) : 564-572.

[20] Associated General Contractors of America (AGC) . Project delivery systems for construction [M]. AGC, Arlington, VA, 2004.

[21] Garvin M J. Role of project delivery systems in infrastructure improvement [C]. Construction Research Congress, 2003: 1-8.

[22] Konchar M, Sanvido V. Comparison of U.S. project delivery system [J]. Journal of Construction Engineering and Management, 1998, 124 (6) : 435-444.

[23] Cox A W, Townsend M. Strategic procurement in construction: Towards better practice in the management of construction supply chains [M]. London: Thomas Telford Publishing, 1998.

[24] Construction Industry Institute (CII) . Project delivery systems: CM at risk, design-build, design-bid-build [R]. Research Summary RS 133-1, Austin, Tex, 1997.

[25] Pakkala P. Innovative Project Delivery Methods for Infrastructure-An International Perspective [R]. Helsinki: Finnish Road Enterprise, 2002.

[26] 王卓甫，杨高升，洪伟民．建设工程交易理论与交易模式 [M]. 北京：中国水利水电出版社，2010.

[27] Pietroforte R, Miller J B. Procurement methods for US infrastructure historical

perspectives and recent trends [J]. Building Research and Information，2002，30（6）：425–434.

[28] 洪伟民，王卓甫，王敏．建设工程不同交易方式总成本比较研究 [J]. 建筑经济，2007（9）：18–21.

[29] 陈勇强，焦俊双．工程项目交易方式与支付方式对项目成本的影响 [J]. 同济大学学报：自然科学版，2011，39（9）：1407–1412.

[30] Design–Build [EB/OL]. http://www.dbia.org/about/designbuild/，2013–3–21.

[31] AIA. Contract Documents: Design–Build Family [EB/OL]. http://www.aia.org/contract docs/aias076699，2013–3–21.

[32] 李智高．对工程总承包项目费用控制的探讨 [J]. 中国石化，2008（6）：40–43.

[33] 孔祥坤．EPC 工程总承包设计阶段成本控制研究 [J]. 基建管理优化，2010，22（1）：33–38.

[34] 吴小欢．工程总承包（EPC）项目的费用控制 [J]. 中国新技术新产品，2009，（10）：121.

[35] 倪炜．动态成本控制服务——开展工程总承包的关键 [J]. 建筑施工，2005，27（11）：67–69.

[36] 张水波，何伯森．工程建设“设计—建造”总承包模式的国际动态研究 [J]. 土木工程学报，2003（3）:30–36.

[37] 黄京焕，刘刚强，鞠其凤．水电工程EPC总承包特点及分析 [J]. 四川水力发电，2007，26（2）：5–8.

[38] Lam E W M，Chan A P C，et al. Determinants of Successful Design–Build Projects [J]. Journal of Construction Engineering and Management，2008，134（5）：333–341.

[39] Koch J E，Gransberg，Molenaar K R. Project Administration for Design–Build Contracts [M]. USA: ASCE Press，2010.

[40] 丁士昭．国际工程管理发展的趋势与国际工程管理的前沿研究 [EB/OL]. 百度文库，http://wenku.baidu.com/view/2748277301f69e3143329457.html，2013–9–10.

[41] 丁士昭．会展场馆建设如何增值 ?[J]. 中国会展，2003（2）：20–21.

[42] Oudot J M. Risk–allocation: theoretical and empirical evidences，application to public–private partnerships in the defense sector[C]. The 9th annual conference of the institutions of market exchange，Barcelona，Spain，2005.

[43] 李欣兰．水利工程总承包模式下工程量不确定风险分配研究 [D]. 南京：河海大学，2012.

第 3 章 水利水电工程总承包模式选择与范围设计

工程总承包方式的应用范围在不断扩大，水利水电建设领域也在呼唤着这一先进的工程交易方式，但这并不表示所有工程项目均适合实行工程总承包。是否选择工程总承包这一交易方式，是水利水电工程建设领域推行工程总承包方式亟待解决的关键问题之一。本章拟基于增值视角，以传统DBB交易方式作为比较对象，分析水利水电工程实行工程总承包的潜在增值优势、增值途径及增值效果，基于此提出水利水电工程总承包模式应用决策准则，为水利水电工程总承包模式应用决策提供一个全新的分析框架。与DBB方式相比，水利水电工程实行工程总承包后往往具有潜在的增值空间，这些增值是如何产生的，如何将潜在增值进行分解，即潜在增值途径如何辨识，是潜在增值测量之前首先需要探讨的一个重要问题。本章从项目目标分析入手，辨识水利水电工程潜在增值途径，在此基础上对增值进行估计，进而提出水利水电工程总承包应用决策方法。

3.1 水利水电工程总承包增值途径辨识

根据上一章内容，本章中水利水电工程总承包增值是指项目实行工程总承包与采用DBB相比可能实现的项目增值。项目增值与项目成功类似，都在一定程度上反映了项目目标的实现程度，因此，项目增值也可以从项目目标入手进行分析。

3.1.1 水利水电工程项目目标分析

传统上，项目目标是指“铁三角”，即工期（或进度）、成本（或费用、投资、造价）和质量（或功能）。这三个目标之间是相互联系的，如图3-1所示[1]。显然，对三大目标中的任一目标作出改变都必须考虑对其他两个目标的影响，在目标优化时也需要考虑目标的系统优化，才能使项目的整体上达到最成功状态。

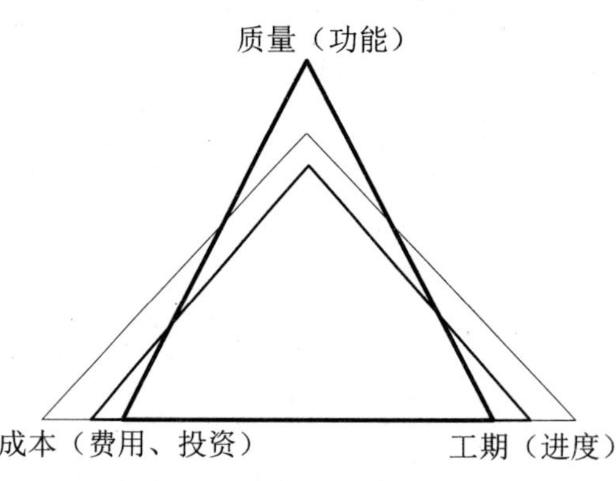

图3-1　三大目标之间的关系

Fig.3-1　The relationship between the three major goals

由于本书所定义的项目增值，是在保证质量要求不变的条件下的增值，即本书主要考虑进度和成本两个目标。在引入项目增值的概念后，项目的总目标其实就可归结为“项目增值”。因此，从这个角度来说，项目增值可分为进度目标上的增值和成本目标上的增值两种，分别简称为进度目标增值和成本目标增值。水利水电建设项目实行工程总承包就是要实现项目目标增值，达到项目成功。由此，项目目标和项目成功、项目绩效等概念可通过项目增值联系起来，如图 3-2 所示。

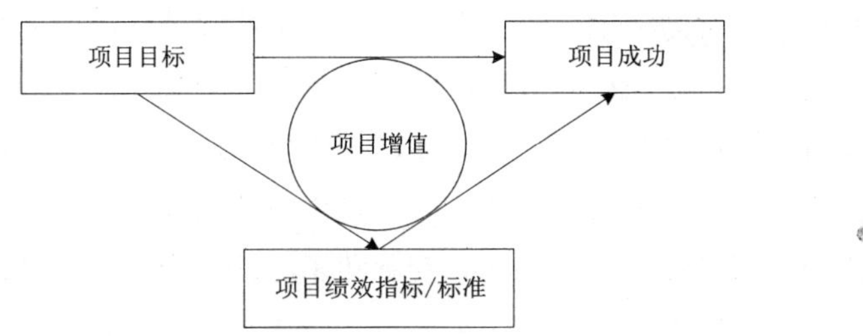

图 3-2 项目目标、项目绩效、项目增值与项目成功的关系
Fig.3-2 Relationships between project objectives, performance, added value and project success

和其他类型的建设工程项目相比，水利水电工程一般工期要求紧张，且工期的节约能为业主方带来提前运行的效益，因此进度目标对水利水电工程相对更具有意义。从项目增值的角度看，水利水电建设项目在工期上的节约将产生相对于其他类型项目更大的增值，因而对业主方具有更大意义。

3.1.2 基于目标分析的水利水电工程总承包潜在增值途径辨识

根据水利水电工程项目目标，其实行工程总承包引发的增值可分解为成本目标增值和进度目标增值，如图 3-3 所示。由此，可从成本和进度两方面来分析工程总承包与 DBB 方式相比的潜在优势，辨识其增值途径。

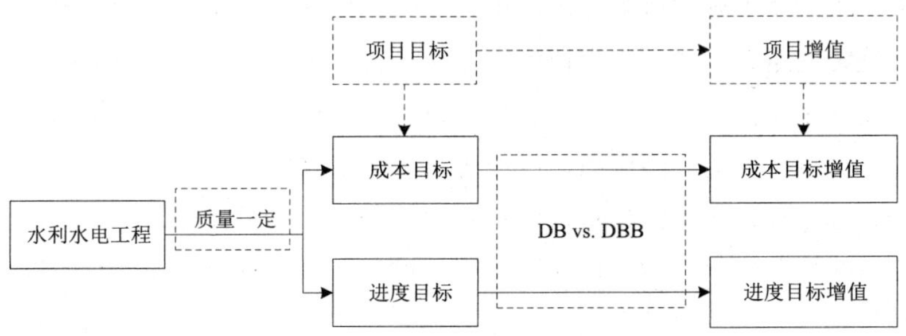

图 3-3 水利水电工程总承包项目增值分解
Fig.3-3 Added value decomposition for water resources and hydropower DB projects

工程总承包方式区别于传统DBB方式的显著特征包括两个方面：一是设计施工的一体化；二是合同关系的单一性，即工程仅存在业主方和工程设计施工总承包商签订的总承包合同。这两方面的潜在增值优势可以延伸出工程总承包相对于DBB方式的主要优点[2-4]：设计施工由一个总承包商提供，业主方只与该总承包商签订合同，将使得该总承包商向业主方承担“单一责任”，降低了设计和施工之间责任难以分清所增加的业主方的风险，从而减少了业主方管理项目需要付出的努力；设计施工的一体化将加快设计和施工的整体进度，从而可以更早交付；可以在设计方和施工方之间发展一种非对抗的关系，在项目早期就通过协调沟通进行合作，在设计过程中更早地融入价值工程的理念，设计过程中施工方的更多参与和设计方的更多创新将使设计成本更低；项目索赔和变更将减少；而设计施工的优化、变更和索赔的更少、沟通的改善、工期的缩短均将节约项目成本；业主方通常可免于工期延长和成本超支的风险。研究和实践也表明，工程总承包同样有其缺点[5]：设计施工的整合将使业主方失去平衡的作用，对项目的控制减少，可能使项目的最终产出和业主方的要求存在差异；工程总承包项目不容易开展竞争性招标，而且加大了评标的难度，因为要综合考虑设计和施工方面的多种因素；期望绩效缺乏确定性；缺乏对业主变更适应的灵活性等。

根据本书对项目增值的界定，结合水利水电工程的特点，并通过对广东省水利工程总承包实践进行调研和访谈，笔者发现，与DBB方式相比，在考虑工程功能、规模和质量等不变的条件下，由设计施工的一体化，可延伸出水利水电工程总承包在成本和工期方面的下列“潜在增值”途径：

（1）通过工程优化，降低工程造价。工程设计施工一体化，为优化工程设计和改善工程“可建造性”搭建了平台。虽然水利水电工程“现场数据”不确定性大，工程量不确定风险大，但也意味着其优化的空间大，潜在增值大，通过设计施工的组织集成，为设计优化提供平台，可以有机会减少工程量。与此同时，设计施工仅由单一主体（即总承包方）承担，也增强了其优化工程的内生动力。这两方面的共同作用，可促进工程造价降低。

（2）通过设计施工的搭接，缩短建设工期。工程设计施工的一体化，使设计施工搭接作业成为可能，可促进工程建设工期的缩短，特别是对建设工期紧张的项目，这一增值更具意义。而对水利水电建设项目，其工期的缩短通常能为业主方带来更大的效益，因而工期的缩短带来的潜在增值更大。

（3）通过减少招标次数和项目协调工作，降低交易成本。工程设计施工的一体化，交由一个主体完成，不仅减少了工程招标次数，而且责任主体明确、单一。如，设计方与施工方之间的协调不再由业主方负责，也不存在不同施工承包方 / 施工合同间的协调。而水利水电工程通常为政府投资项目，真正的业主方实际上是缺位的，也缺乏具有较强项目管理能力的人才，因此，协调工作的减少可降低业主方的交易成本。

此外，由于设计和施工均列入单一的总承包合同，故和 DBB 方式相比，工程交易合同关系发生了变化，业主方的管理工作量也发生了变化。另外，业主方在选择总承包方时的难度也很可能会有所加大，因为对工程总承包商的要求显然要比选择单一的施工承包商的要求更高。据此，合同关系的单一性可延伸出下列潜在的项目负增值：

（1）设计监管要求的提高，将增加业主方的交易成本。工程设计纳入工程承包合同后，业主方有必要考虑提高对工程设计工作的监管力度，这一方面将引发比传统 DBB 模式下更高的交易成本。对这一点，目前我国水利行业认识上还有差距，部分人认为实行工程总承包后，应由工程总承包商聘请监理。2009 年开始，广东省水利行业先后选择了一批水利建设工程项目进行总承包的试点，各项目法人通过招标方式选择了广东省水利电力规划勘测设计研究院和广州市水务规划勘测设计研究院为工程总承包方，即形成了以设计单位为龙头的工程总承包。在所有试点的工程项目中，项目法人均采用了双边治理结构，即业主方自行管理方式，没有引进第三方参与协调管理，实践表明这种方式是有缺陷的。如，广东省平远县黄田水库除险加固工程实施过程中，业主方和总承包商就工程进度安排、溢洪道处理技术方案等方面没有达成统一意见，结果给项目实施带来较大的困难和风险。事实上，采用工程总承包后，存在业主方与总承包商、总承包商与分包商两层工程交易合同关系。因此，在这种情况下，建设工程交易监管有必要分成两个层面，即业主商与总承包商间的交易监管，以及总承包商与分包商间的交易监管。

（2）潜在投标人数量减少，可能拉高工程承包合同价。在工程总承包项目招标时，一般对投标方提出相比于工程施工招标更高的要求。由于建设工程交易市场上具有工程总承包能力的企业相对较少，这常会导致工程总承包招标的市场竞争性减弱，从而拉高合同价。目前，我国水利水电工程建设市场上真正具备工程总承包能力的承包商十分少见，如广东省水利行业进行工程总承包试点的所有项目，均是由广东省水利电力规划勘测设计研究院或广州市水务规划勘测设计研究院扮演以设计单位为龙头的工程总承包，其原因也在于潜在投标人数少，竞争性减弱，从而可能抬高工程承包合同价。因此，为推动水利水电工程总承包的发展，有必要适当多培育、发展一些能承担工程总承包任务的企业，包括大型施工企业，即培育以施工为龙头的工程总承包，构建适度竞争的工程总承包市场。

综上所述，水利水电工程总承包所产生项目增值或负增值的主要途径可归纳为图 3-4 所示。

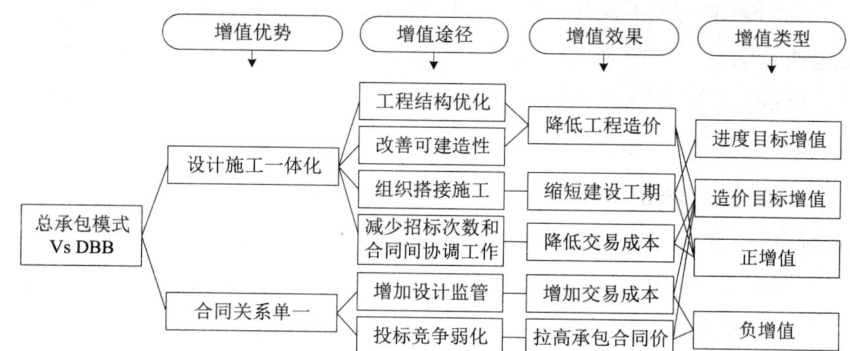

图 3-4 水利水电工程总承包潜在增值途径及其效果

Fig.3-4 Value-added approaches and effects of water resources and hydropower DB projects

3.2 水利水电工程总承包项目潜在增值测度

3.2.1 交易要素视角下潜在增值的影响因素分析

不论是采用 DBB 承包方式还是工程总承包方式，工程实施过程总与工程交易过程相交织，工程活动应符合建设工程交易的基本规律。由建设工程交易理论可知，工程交易要素主要包括：交易客体、交易主体、交易合同、交易管理和交易环境五个[6]。本书探讨的项目增值是工程总承包方式相对于 DBB 承包方式而产生的项目增值，因此其主要影响因素可以从工程交易的各要素派生而出。

根据图 3-2 中项目增值与项目成功等概念的关系，项目增值的影响因素和项目成功、项目绩效的影响因素是类似的，只是有的侧重于宏观层面，有的则侧重于微观层面。既然项目潜在增值是工程总承包相对于 DBB 方式的增值，因此可将潜在增值视作是决定采用工程总承包方式或 DBB 方式的直接原因，从这个角度看，以往研究中关于项目交易方式选择影响因素的研究成果也可作为借鉴，即项目交易方式选择影响因素实质上可能是项目潜在增值的影响因素。

事实上，以往关于工程项目交易方式选择的研究大都是在影响因素分析的基础上开展的，这本身是一种间接的方法，相关研究中确定的选择因素原本是项目增值的影响因素，它们是通过影响项目增值而间接影响项目交易方式的选择。所以这也说明，本书通过潜在增值的视角研究总承包应用决策，实质上是一种更直接的项目交易方式决策。

根据上述分析，为确定潜在增值的影响因素，可以通过综合分析现有项目绩效影响因素、项目成功影响因素和项目交易方式影响因素等方面的文献加以初步确定，目前关于上述三方面的代表性研究成果列举见表3-1。

项目绩效、项目成功和交易方式选择影响因素典型研究 表3-1

Typical research on factors of project performance, project success and PDM selection Table 3-1

文献	研究确定的影响因素
Ceylan[7]	影响项目绩效的因素分为5大类：项目外部环境（如规章、经济、文化和社会因素）；项目组织（如业主方和承包商的项目团队）与项目外部环境之间的互动；项目组织的优势与劣势，即组成项目团队内部环境的因素（如经验和教育水平、业主方和承包商的财务优势、有效的交易实践）；项目的特点（如设计和施工复杂性）；项目组织内部运行程序的优势和劣势（如争端解决过程）；施工前计划过程的有效性和完备性（如技术、财务、组织和运行等方面）
Puspasari[8]	确定了44个影响项目绩效的因素，并将它们分为8大类，即项目特征、业主方相关因素、承包商相关因素、人工和材料相关因素、咨询方相关因素、合同相关因素、项目采购相关因素，以及外部环境相关因素
Chua, et al.[9]	将项目成功因素分为项目特征（如项目规模、可建造性）、合同安排（如风险识别和分配、激励机制）、项目参与方（如各方的能力）和互动过程（如沟通）4个方面，共67个因素
Chan, et al.[10]	通过问卷调查和因子分析得到了DB项目的6个成功因素，即项目团队委托、承包商的能力、风险和责任评估、业主方的能力、最终用户的要求和最终用户施加的约束
Schaufelberger[11]	从承包商的视角研究了DB方式的成功因素问题，研究认为，DB项目中，承包商关注的是业主方和承包商之间对工作范围有共同的理解、业主方有足够的DB经验，且承包商更倾向于招标之前业主方完成的设计不超过35%，这样中标承包商具有更大的设计创新空间。业主方公平对待DB承包商及业主方早期的DB项目经验是承包商选择项目时考虑的重要因素
Lam, et al.[12]	构建了香港DB项目成功指标体系，这些指标由时间、成本和质量等关键绩效指标来评估，多元回归分析显示，项目属性、项目管理行为的有效性、创新性管理方法的应用等是DB项目关键成功因素

续表

文献	研究确定的影响因素
Chen, et al.[13]	在文献综述基础上确定了 62 个项目关键成功因素，在专家讨论的基础上精简为 46 个，并将其分为项目参与者相关因素、项目本身相关因素和项目环境相关因素三大类，建立了 CSFs 体系
Mafakheri, et al.[14]	交易方式选择的主要影响因素除成本、工期、质量、工程规模、项目复杂性外，还包括范围变更、经验、价值工程、财务保证、风险管理、独特性等
陈勇强、焦俊双等[15]	从项目、组织、环境和其他四个方面归纳了工程项目交易方式选择的影响因素共 18 个。如，组织层面上因素包括业主方经验、业主方人员、业主方参与度、跨文化管理能力 4 个因素；环境层面上的因素包括法律法规、市场竞争、行业联盟及第三方许可 4 个因素
Touran, et al.[16]	将工程交易方式选择的影响因素归结为项目层面、组织层面、公共政策层面、生命周期层面和其他层面 5 个层面共 24 个因素。如，生命周期层面包括全生命期成本、可维护性、可持续设计目标和可持续建造目标 4 个因素
杨高升、王卓甫等[17]	将工程交易方式设计的影响因素归纳为工程项目属性、业主方的管理能力和经验及他对项目目标的要求，以及工程建设环境 3 个方面 13 个因素。如，工程项目属性包含项目的经济属性、规模、设计深度、施工相互干扰程度以及项目的技术难度 4 个因素

笔者曾开展了建设工程交易模式（包括项目交易方式或发包方式、合同类型及业主方管理方式）设计影响因素的问卷调查，该调查将工程交易模式的影响因素归纳为工程项目特性、业主方特性和工程建设环境 3 个方面，包括项目复杂程度等 14 个因素。调查结果如图 3-5 所示（有效问卷 113 份）。

其中，影响工程发包方式设计的因素包括项目复杂程度、项目的规模、子项目间施工干扰程度、工程建设条件、工程所在地建筑市场发育程度、工期控

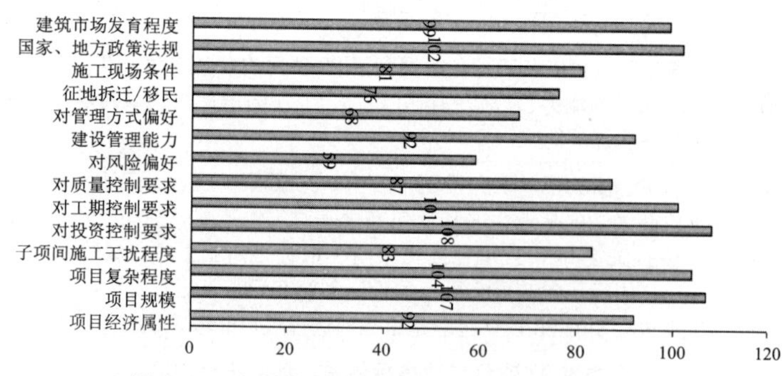

图 3-5　交易模式设计影响因素调查频次分析图

Fig.3-5　Survey frequency analysis diagram of transaction mode design factors

来源：王卓甫，杨高升，洪伟民．建设工程交易理论与交易模式 [M]. 北京：中国水利水电出版社，2010.

制要求、质量控制要求、投资控制要求、业主方建设管理能力、业主方对风险的偏好、业主方对发包方式偏好、国家和地方的政策法规 12 个因素。

根据以上分析可知，影响项目绩效、项目成功或交易方式选择 / 设计的因素均很多。笔者在现有研究成果的基础上，仍然以交易要素为分类依据，同时结合水利水电工程的特点，在专家访谈和广东试点水利工程总承包调研的基础上，对水利水电工程总承包项目增值的主要影响因素进行分析，具体见表 3-2。

水利水电工程总承包增值的主要影响因素分析表 表 3-2

Main factors of added value of Design-Build in water resources and hydropower projects Table 3-2

工程交易要素	项目增值的主要影响因素分析	主要影响因素
交易客体	工程交易客体，即工程项目实体包括的主要特征值有：工程位置、工程结构形式、工程规模，以及工程复杂程度和不确定性。显然，工程复杂程度和不确定性，以及工程规模两个因素对增值的影响最为明显，其他因素可不考虑	工程复杂程度和不确定性；工程规模
交易主体	工程交易主体包括承包方和发包方。承包方是项目增值的创造者，其工程能力，包括工程技术和工程管理能力对创造增值的大小关系极大；发包方是工程项目的拥有者，其对工程项目的要求是衡量增值的标准	承包方的工程能力；业主方对工程的要求
交易管理	建设工程实施过程和交易过程相交织，建设工程交易一般具有不完备性，对业主方而言，交易管理不可缺失。对不同承包模式，由于工程承包范围不同，为保证一定的监管水平，业主方有必要选择不同监管组织方式	业主方监管组织方式
交易合同	工程交易合同既规定了承发包双方的责任、权利和义务，也明确了增值（风险或利益）的分配方式。在众多合同条件中，对不同承包模式，其主要差异体现在增值分配的规定上。与 DBB 模式相比，应用工程总承包模式为承包方提供了优化工程设计的平台，有可能使项目产生增值。但这一增值是有条件的，一方面承包方要有积极性去优化工程，另一方面业主方要见到这种优化对降低工程造价的影响	项目增值分配方案
交易环境	从选择工程承包模式出发，工程交易环境主要包括工程承包市场和政策法规的限制。工程招标中，市场竞争程度对交易合同价能产生直接影响；当政策法规限制某些工程不能应用工程总承包模式时，则只能采用 DBB 模式	工程总承包市场竞争程度；政策法规对总承包的限制

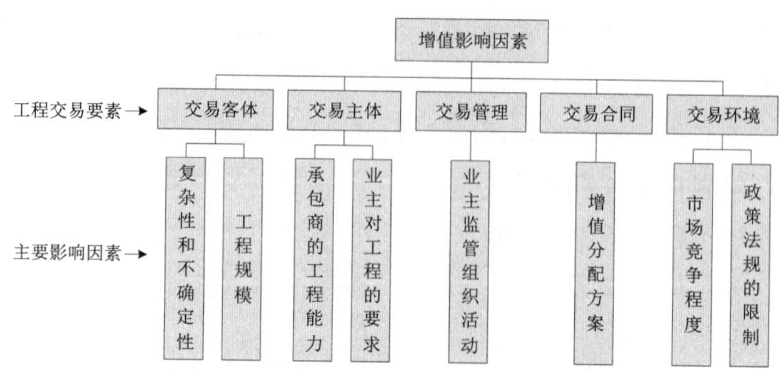

图 3-6 水利水电工程总承包项目增值影响因素集

Fig.3-6 Value-added factor set of water resources and hydropower DB projects

归纳表 3-2，可以得到交易客体、交易主体、交易合同、交易管理和交易环境 5 个交易要素所派生的对项目增值有重要影响的 8 个主要因素，并形成水利水电工程总承包项目增值影响因素集，如图 3-6 所示。

在图 3-6 所示的水利水电工程总承包项目增值影响因素集中，工程复杂程度和不确定性、工程的规模、业主方对工程建设要求、工程总承包市场竞争程度，以及政策法规因素对工程总承包的限制等几个因素随工程项目的不同存在差异，并且会对业主方监管的组织方式和项目增值（风险或利益）的分配方式两个因素产生影响。不难看出，它们之间存在着较为复杂的关系。图 3-6 中的 8 个主要影响因素对水利水电工程总承包项目增值影响特点的初步分析见表 3-3。

主要影响因素对项目增值影响的特点初步分析表 表 3-3

Preliminary features analysis of the influence on added value by main factors Table 3-3

交易要素	影响因素	影响因素特点	对增值影响的特点
交易客体	工程复杂程度和不确定性	工程不确定性通常是指工程“现场数据”引起的不确定性；事实上，从选择交易方式出发，考虑工程复杂程度的落脚点主要还是在由其引起的工程不确定性。显然，工程不确定性应包括工程“现场数据”引起的不确定和工程复杂性引起的不确定。此外，由于增值的相对性，经济、市场等的不确定对任一种承包方式均存在，因而此处可不讨论。因此，工程不确定性可用工程量不确定性描述	不确定性越大，项目增值或负增值就越大
	工程规模	通常可用工程投资估算或工程造价来描述	工程规模越大，增值或负增值越大

续表

交易要素	影响因素	影响因素特点	对增值影响的特点
交易主体	承包商的工程能力	主要包括承包商的工程技术能力和工程管理能力	承包商工程能力越强，则项目产生增值或应对负增值风险的能力越强
	业主方对工程的要求	主要包括对工程功能，以及工程造价、工期、质量等的要求。在选择项目交易方式时，一般主要考虑业主方对工期的要求，而其他要求，不论采用什么交易方式，标准和要求均是不能变的。因此，业主方对工程建设要求可归结为对建设工期的要求	对建设工期要求越高，缩短建设工期就越有价值，即增值越大
交易管理	业主方监管组织方式	业主方监管方式的选择，受到工程复杂程度和不确定性、工程规模、承包商的工程能力等因素的影响，即业主方监管方式的选择在此处并不独立，受到其他因素的影响，在工程总承包模式应用决策前要求业主方先作出选择	业主方采用不同监管方式，对应就有不同交易成本
交易合同	增值分配方案	常通过合同不同计价方式对增值进行分配。总价合同将项目增值或负增值风险全部配给承包方；单价合同将项目增值或负增值风险全部配给发包方；目标成本合同介于总价合同和单价合同之间，将项目增值或负增值风险在承发包双方分配。项目增值分配方案设计或选择受工程复杂程度和不确定性、工程规模、承包商工程能力等因素的影响，在工程总承包应用决策时业主方先应同时加以考虑	合理的分配方案将激励总承包方优化工程，并产生项目增值
交易环境	工程总承包市场竞争程度	根据拍卖理论[18]，工程招标时，投标人数多，即市场竞争激烈时，会得到较低的承包合同价，反之，则承包合同价会被拉高	相对于DBB模式，工程总承包合同价相对较高
	政策法规对总承包的限制	国家或工程所在地政策法规，对某些类型工程项目可能限制应用工程总承包模式。本书所做研究均是假定政策法规对工程总承包不限制	

由表3-3可以看出，由于项目增值的相对性，故工程总承包应用决策时有一些问题是不用考虑的。例如，市场的不确定性在不同交易方式下基本是一样的，业主方对工程质量和工程造价的要求在不同项目交易方式下也是一样的，因此在进行水利水电工程总承包应用决策时，可以暂时不考虑这些问题。由此，水利水电工程总承包项目增值影响因素也可做相应的简化，图3-6中的8个因素简化后可描述为：工程量的不确定性；工程规模；承包商的工程能力；业主方对建设工期的要求；业主方监管组织方式；项目增值分配方案；工程总承包市场竞争程度。

3.2.2 项目潜在增值效果分析矩阵

由图 3-4 可知，项目潜在增值效果主要表现为工程造价降低、工期缩短、交易成本降低及工程合同价增加 4 个方面，分别用 ΔC_1、ΔT、ΔC_2 和 ΔC_3 来表示。

由图 3-6 可知，潜在增值的主要影响因素包括 8 个，其中第 8 个因素“政策法规对工程总承包的限制”，若实际情况下政策法规限制水利水电工程使用工程总承包，则讨论潜在增值也没有意义了，因此在分析潜在增值效果时，不考虑该因素。方便起见，将其他 7 个因素编号、表示如下：

①工程量不确定性，记为 x_1；

②工程规模，记为 x_2；

③承包商的工程能力，记为 x_3；

④业主方对建设工期的要求，记为 x_4；

⑤业主方监管组织方式，记为 x_5；

⑥项目增值分配方案，记为 x_6；

⑦工程总承包市场竞争程度，记为 x_7。

在此基础上，综合图 3-4 和图 3-6，即将增值途径、效果和影响因素分析结果整合，并根据表 3-3 分析，对项目增值影响因素进行简化，得到表 3-4 工程总承包潜在增值效果分析矩阵。

水利水电工程总承包潜在增值效果分析矩阵表 表 3-4

Value-added effect analysis matrix for DB in water resources and hydropower construction Table 3-4

影响因素 \ 增值效果		潜在增值			负增值
		工程造价降低 ΔC_1	建设工期缩短 ΔT	交易成本降低 ΔC_2	合同价增加 ΔC_3
交易客体	工程量不确定性 x_1	√	√	√	×
	工程规模 x_2	√	√	√	√
交易主体	承包商的工程能力 x_3	√	√	×	×
	业主方对建设工期要求 x_4	×	√	×	×
交易管理	业主方监管组织方式 x_5	×	×	√	×
交易合同	项目增值分配方案 x_6	√	√	×	×
交易环境	工程总承包市场竞争程度 x_7	×	×	×	√

注：“√”表示该增值效果与某影响因素关系密切；“×”表示该增值效果与某影响因素关系不紧密。

表 3-4 增值效果分析矩阵描述了各增值效果的依赖因素，分别分析如下：

（1）工程造价降低 ΔC_1

工程造价降低（ΔC_1）主要是通过优化工程结构和改善工程“可建造性”而实现的。而优化工程结构和改善工程“可建造性”首先取决于水利水电工程本身的特征，而后取决于工程总承包方的能力及优化的积极性。因此，ΔC_1 依赖的因素包括工程本身和承包方两个方面的因素，如工程量的不确定性、工程规模、承包商的能力，以及增值分配方案等，而与业主方监管组织方式和对建设工期的要求，以及工程总承包市场竞争程度基本无关。

1）工程特征因素对 ΔC_1 的影响。该因素包括工程量的不确定性和工程规模，即因素①和因素②两方面。工程量的不确定性，主要是指工程范围的不确定性，该不确定性程度大时，不论是优化工程的空间，还是控制风险的空间均将较大，反之亦然。工程规模对优化工程所产生的效果有直接影响，当工程不确定性程度一定时，通过优化工程等途径所产生的增值效果，即工程造价的降低将随工程规模的增大而增加。

2）承包方因素对 ΔC_1 的影响。该因素包括承包方的工程能力和优化工程的积极性，而优化工程的积极性主要受增值分配方案的影响，故承包方因素包括因素③和因素⑥两方面。因素③“承包方的工程能力”，即优化工程结构的能力和组织工程实施的能力。对某一水利水电工程，若承包方工程能力强，工程实施中降低工程造价效果可能就明显，或降低工程造价的可能性就大。这其中还存在承包方充分发挥工程能力、调动承包方优化工程积极性的问题。因此，因素⑥“增值分配方案”，对优化工程进而获得工程造价降低 ΔC_1 的影响至关重要。理论和实践均表明，仅当承包方优化工程所获得的分成足以补偿其为优化工程所支付的成本，并产生一定的预期收益，承包方才有优化工程的积极性，才能实现理想的优化目标。这是工程发包方在采用工程总承包模式时需要研究的问题。本书后续章节将讨论项目增值分配这一问题。

（2）缩短建设工期 ΔT

与传统 DBB 承包模式相比，应用工程总承包模式缩短建设工期的机会正是设计施工一体化后提供的。在设计施工一体化环境下，承包方可组织设计与施工搭接，实行“边设计边施工”。这样与 DBB 模式下的先设计后施工组织相比，可实现建设工期的缩短。对某一具体水利水电建设项目，显然，这同样主要与承包方的工程能力、积极性相关，即与因素③和因素⑥相关。当承包方积极性高且工程能力强时，就会在缩短建设工期方面产生较好效果，反之亦然。

此外，仅当项目业主方期望缩短建设工期，该工期的缩短才表现为增值，分析这一增值效果才有价值。因此，缩短建设工期 ΔT 与因素④“业主方对建设工期的要求”也相关。

（3）降低交易成本 ΔC_2

由于水利水电工程项目的复杂性、人的有限理性和工程合同的不完备性，会造成在水利水电工程实施过程中业主方和承包方在信息上的不对称性，承发包双方的利益目标不完全一致，承包商的“道德风险”和“逆向选择”难以避免，因此在水利水电工程交易过程中的交易成本（或称交易费用，Transaction Cost）不可忽略。

Whittington[19] 曾基于交易成本经济学（Transaction Cost Economics，TCE）分析了美国交通项目从传统 DBB 方式到 DB 方式的制度变迁，并详细分析了 3 个州 6 对 DBB 和 DB 工程项目的生产成本和交易成本构成，以及不同交易方式对项目交易成本和项目绩效的影响。Whittington 将工程项目的生产成本和交易成本进行了分解，见表 3-5。

工程生产成本和交易成本分解 表 3-5

Breaking down of project production cost and transaction cost Table 3-5

项目成本	成本分解
生产成本	业主方设计成本（Owner Design Cost ）
	承包商设计成本（Contractor Design Cost ）
	建造成本（Construction Cost）
交易成本	初期规划和管理（Preliminary Administrative）
	辅助研究（Ancillary Studies）
	招标管理（Bid Administration）
	合同管理（Contract Administration）
	第三方纠纷和破坏（Outside Agreements& Damage）
	变更和争议（Change Order & Disputes）

与威廉姆森对交易成本分为事前成本和事后成本的界定类似，我们也可结合建设工程交易的特点，将工程交易成本分为合同前交易成本和合同后交易成本两部分[20]。故此处将按照合同前交易成本和合同后交易成本两部分分别进行讨论。

1）降低合同前交易成本的影响因素。对于业主方而言，合同前交易成本通常包括：委托招标代理的费用（包括发布招标广告费用、编制招标文件费用、组织招标过程中评标等各项活动的费用）、合同谈判费用、招标可能失败的风险性费用等。显然，这主要受到工程不确定性和工程规模的影响，即因素①和②将影响合同前交易成本的降低。

2）降低合同后交易成本的影响因素。应用工程总承包模式后，一般业主方施工过程协调工作量可以减少，这意味着交易成本的降低。但采用 DBB 模式时，工程设计合同属咨询类合同，业主方的管理相对简单；而采用工程总承包模式时，工程设计进入了总承包合同，在这一背景下，业主方有必要对工程设计加强监管，这意味着交易成本将增加。一般对于上述两方面，业主方会统筹考虑，集中体现在业主方监管方式这一因素中，因此，降低合同后交易成本的主要影响因素为因素⑤“业主方监管组织方式”。

（4）工程合同价增加 ΔC_3

工程合同价增加是指工程总承包模式下的总承包合同价，一般会比传统 DBB 模式下的发包合同价之和有所增加。事实上，这主要取决于市场竞争状况。在工程总承包模式下，业主方对潜在承包人会提出较高的要求，使得部分在 DBB 模式下可参与竞争的承包商，特别是一些优势专业工程承包商失去了参与竞争的机会。因此，工程合同价增加 ΔC_3 仅与因素⑦“工程总承包市场竞争程度”相关，而与其他因素基本无关。

3.2.3　项目潜在增值的估计

1. 工程造价降低 ΔC_1 的估计

根据表 3-4，ΔC_1 与工程量不确定性、工程规模、承包商优化工程的能力和项目增值分配方案等因素相关。ΔC_1 的一般数学表达式为：

$$\Delta C_1=f\ (x_1, x_2, x_3, x_6) \tag{3-1}$$

式（3-1）中，f（·）为 ΔC_1 的函数表达式；x_1~x_3 和 x_6 见表 3-4，其中，如上文分析，x_6 并不独立，其与 x_1~x_3 相关。显然，ΔC_1 是较为复杂的函数，直接估算十分困难。由于工程量的不确定性通常只涉及项目的部分工作内容，故以 x_2^1 表示存在工程量不确定性的那部分工程内容的估计造价，并设业主方在总承包合同中确定了某一具体的项目增值分配方案 x_6^1，将 x_2^1 和 x_6^1 代入式（3-1），则此时 ΔC_1 可简化为：

$$\Delta C_1=f\ (x_1, x_2^1, x_3, x_6^1) \tag{3-1a}$$

式（3-1a）中，x_1~x_3 为独立的变量，x_6^1 为业主方确定的常量。若工程量不确定性和承包商工程能力均用 0 ～ 1 之间的数值来表示，则简便起见，可采用式（3-1b）估算 ΔC_1。

$$\Delta C_1 = x_1 x_2^1 x_3 x_6^1 \tag{3-1b}$$

式（3-1b）中，x_1 描述了工程量的不确定性，用 0 ～ 1 之间的数值表示，如 x_1=0 时，表示工程设计施工一体化后并无优化空间；又如 x_1=0.2 时，表示工程存在以 x_2^1 为基础的 20% 的优化空间。x_2^1 为发包工程中，与工程“现场数据”不确定相关的部分工程的估计造价。x_3 描述了承包方的工程能力，也在 0 ～ 1 之间取值，如 x_3=1.0 时，表示承包方的优化能力水平达到最高。ΔC_1 的严格估算公式有待结合工程实际，在相关数据的支撑下开展深入研究。

2. 缩短建设工期 ΔT 的估计

由表 3-4 分析可知，ΔT 的大小主要与工程量不确定性、工程规模、业主方对建设工期要求、承包方的工程能力和增值分配方案等诸因素相关，即 ΔT 的估算式可表达为：

$$\Delta T = g\ (x_1, x_2, x_3, x_4, x_6) \tag{3-2}$$

式（3-2）中，g（·）为 ΔT 的函数表达，其他参数同上文。

在 DBB 模式下，对某一水利水电工程，从工程设计开始到施工完成，总存在一个合理的建设工期；而在工程设计与施工一体化的总承包模式下，由于将工程设计与施工进行搭接，通过进度网络分析，我们总可以得到理论上建设工期缩短值 ΔT_0。此外，建设工期缩短，并不意味着肯定产生有效的项目增值，仅当实际的 ΔT_0 在业主方期望缩短工期的范围内时，才产生有效增值。因此，可将式（3-2）进一步简化为：

$$\Delta T = g\ (a\Delta T, x_6) \tag{3-2a}$$

式（3-2a）中，$a = a\ (x_1, x_2, x_3, x_4)$ 为不同模式下理论工期缩短值 ΔT_0 的修正系数，根据工程量不确定性、工程规模、业主方对建设工期要求、承包方的工程能力等方面的具体情况在 0 ～ 1.0 之间取值，通常不确定性越大、越复杂的工程取值越小，越简单的工程取值越大。该值的详细研究同样有待深入。

3. 降低交易成本 ΔC_2 的估计

由表 3-4 分析结果，ΔC_2 的估计可表达为：

$$\Delta C_2 = f\ (x_1, x_2, x_5) \tag{3-3}$$

式（3-3）中，x_5 并不独立，它是 x_1 和 x_2 的函数，因此，式（3-3）也十分复杂。但可将 ΔC_2 分解为交易合同前后两部分，即有：

$$\Delta C_2 = \Delta C_{21} + \Delta C_{22} \tag{3-3a}$$

式（3-3a）中，ΔC_{21} 为合同前交易成本，ΔC_{22} 为合同后交易成本，分别分析如下：

（1）合同前交易成本 ΔC_{21}。对某一具体的水利水电建设项目，ΔC_{21} 主要取决于招标的次数。当水利水电工程采用工程总承包时，通常仅需组织一次招标，故其合同前交易成本通常较低；而采用 DBB 方式时，通常将该水利水电工程分成若干个标段分别组织招标，即需要组织多次招标，故总的交易费用通常较高。这样，通过 DBB 模式下合同前交易成本，减去工程总承包模式下合同前交易成本就可估计出 ΔC_{21} 的值。可以看出，由于 ΔC_{21} 和工程本身无关，因此相对来说比较固定，容易估算。当工程招标的次数确定后，就能比较准确地进行估计。

（2）合同后交易成本 ΔC_{22}。其主要影响因素有：业主方监管组织方式 x_5，以及工程量不确定性 x_1、工程规模 x_2。工程实践表明，在合同条件较为完备、建设市场逐步趋于成熟的条件下，在这 3 个因素中，业主方监管组织方式 x_5 对 ΔC_{22} 的影响最为明显。因此，在保证一定监管水平的条件下，ΔC_{22} 可通过比较工程总承包和 DBB 模式下业主方的监管组织方式而得。

图 3-7 给出了建设工程交易费用（即交易成本）的分解结构 [21]，对于水利水电工程实行工程总承包和实行 DBB 模式下交易成本的比较具有参考作用。

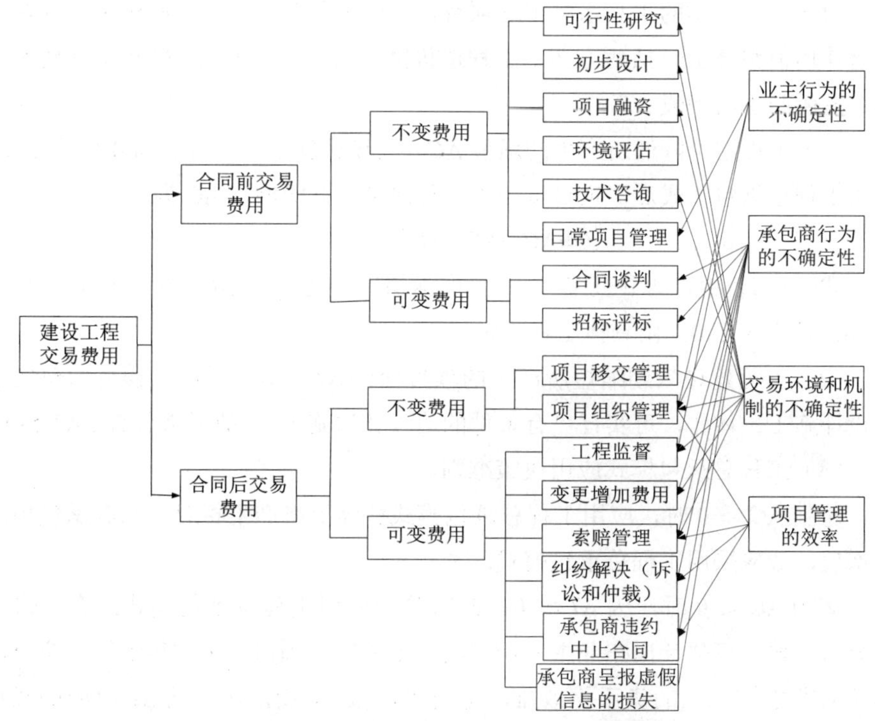

图 3-7　建设工程交易费用结构分解

Fig.3-7　Structure decomposition of construction project transaction cost

（来源：李慧敏．建设工程交易费用影响路径研究 [D]．南京：河海大学，2011.）

4. 工程合同价增加值 ΔC_3 的估计

由表 3-4 分析结果，可得 ΔC_3 的估计表达式：

$$\Delta C_3=f\ (x_2, x_7) \tag{3-4}$$

由拍卖理论可知，市场竞争程度直接影响工程交易合同价。因此，可采用下式估计 ΔC_3：

$$\Delta C_3=x_2 x_7^1 \tag{3-4a}$$

式（3-4a）中，x_2 为工程总承包合同项目总造价的估计值；x_7^1为反映工程总承包与DBB模式相比的相对市场竞争水平下合同价被拉高的幅度。一般而言，工程总承包模式对投标方的资质有更高要求，相应竞争程度总是较 DBB 模式减弱，故x_7^1一般为正值，如x_7^1=5%，表示同一项目实行工程总承包时的合同价比采用 DBB 模式时高 5%。其具体取值同样需要大量历史统计数据的支撑。

3.3　水利水电工程总承包应用决策准则

对于一个具体的水利水电工程项目，采用工程总承包模式相对于 DBB 模式的潜在增值整体上包括两方面：工程造价降低所产生的增值 ΔC 和工程建设工期缩短所产生的增值 ΔT。

（1）工程造价降低所产生的增值 ΔC。与设计施工相分离的 DBB 模式相比，采用工程总承包模式后，项目可产生工程造价降低的增值 ΔC 为：

$$\Delta C=\Delta C_1+\Delta C_2-\Delta C_3 \tag{3-5}$$

式（3-5）中，理论上而言，在正常情况下 ΔC_1 和 ΔC_3 均大于 0；但 ΔC 和 ΔC_2 是否大于 0，由具体工程确定。

（2）工程建设工期缩短所产生的项目增值 ΔT。由于采用工程总承包实现了设计施工一体化，可实行“有条件的边设计边施工”，故通常总有：$\Delta T>0$。

（3）工程总承包模式应用决策准则。

①当 $\Delta C \geqslant 0$ 时，应用工程总承包模式整体上将产生相对于 DBB 承包模式的增值，故应采用工程总承包模式。

②当 $\Delta C<0$ 时，因 $\Delta T>0$，此时是否应用工程总承包模式，有待进一步分析。如，可估计出在业主方期望的工期缩短范围内，工期每缩短一个时间单位对业主方产生的货币化效益，进而将增值 ΔT 货币化，设 ΔT 对应的货币化增值为 ΔC_T，则总的潜在增值 $V=\Delta C+\Delta C_T$，由此，业主方可根据其偏好，设定 V 值满足何种条件时采用工程总承包模式。

3.4 水利水电工程总承包范围设计

3.4.1 水利水电工程总承包的不同范围

如上文所述，本书工程总承包是指至少包括设计施工的工程总承包，包括DB、EPC以及它们的衍生方式。它们之间的核心差异是承包范围不同，且主要在于对设计任务承包的范围不同，不同工程总承包类型应用时的设计深度或工程实施阶段是不同的。因此，基于谱分析的方法[22]，以工程设计深度或工程建设阶段为坐标，初步建立水利水电工程总承包类型谱，如图3-8所示。

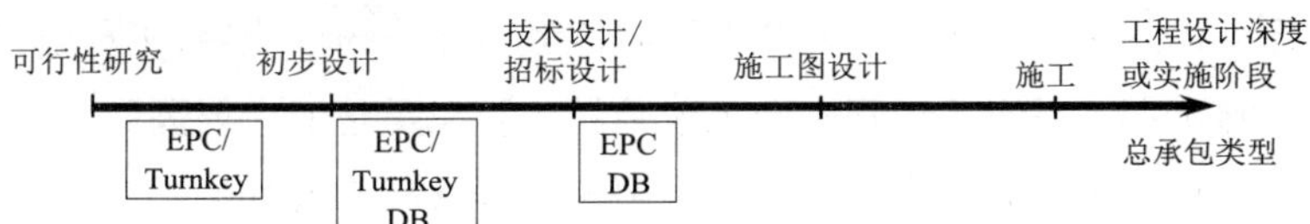

注：每种发包方式的承包范围为发包名称左边的工程内容。

图3-8 水利水电工程总承包类型谱

Fig.3-8 DB type spectrum for water resources and hydropower projects

在图3-8中，初步设计阶段前的EPC/Turnkey总承包就我国国情及在目前我国政策层面上是不允许的，因此暂不考虑这两种总承包类型。但是DB、EPC在初步设计后和技术设计或招标设计后都有应用。如在化工行业常在初步设计后就应用EPC或DB，但在水利行业中在技术设计/招标设计后应用DB较多。因此，若水利水电工程确定采用工程总承包方式，考虑工程发包范围分为两种情况：一是工程可行性研究报告批准后，初步设计前开始发包，即工程总承包合同中包括初步设计；二是工程初步设计及相应概算批准后开始发包，即工程总承包合同中不包括初步设计。从现有情况来看，这两种类型的工程总承包方式的特点比较见表3-6。

水利水电工程总承包不同类型特点比较 表3-6

Comparison of different DB types for water resources and hydropower projects Table 3-6

总承包类型	特点
包含工程初步设计的工程总承包	工程概算存在较大的风险：工程概算没有得到批准，而工程招标是以概算的下浮幅度为基础的，因此一般对总承包商风险很大，这一点在广东水利总承包试点项目中已得到验证； 可缩短建设工期、降低工程建设成本：总承包商可通过设计与施工的合理组织缩短工程建设工期和降低建设成本，或降低工期和成本的风险； 工程业主方的管理工作量相对较小

续表

总承包类型	特点
不包括初步设计（初步设计批准后）的工程总承包	工程概算和施工合同风险相对较小：工程总概算及相应的工程量清单已经政府相关部门批准，不存在概算变化而引发的相关风险，施工合同相对也较完备，工程实施中变化相对较小； 建设工期会较长：初步设计与施工分离，施工招标在初步设计批准后进行，若从工程立项后计算工期，则工期会较长； 设计施工整合优势不明显：工程建设的优化空间已很小，工程设计与施工整合的优势难以发挥； 工程业主方的管理工作量相对较大

3.4.2 不同承包范围工程总承包的选择

选择工程总承包范围可从其主要影响因素入手。研究表明，工程建设工期、工程的不确定程度是影响选择不同承包范围工程总承包的主要因素。

首先，根据图 3-8 和上文分析，主要考虑包含初步设计的工程总承包（包括 DB 和 EPC）和不包含初步设计的工程总承包（包括 DB 和 EPC），以总承包类型为横轴，工程总承包范围选择的影响因素为纵轴，可建立如图 3-9 所示工程总承包范围谱分析图，分析各种工程总承包范围的适用条件。

如，当工程建设工期较为紧张，且工程内容较为确定时，若希望选择工程总承包方式，则理应将工程初步设计包括在总承包合同内；当工程建设工期较为宽松，且工程项目内容存在较大的不确定时，则工程总承包放在工程初步设计批准后开始较为适当；当工程建设工期较为宽松，但工程项目内容较为确定时，工程总承包合同是否初步设计，这取决于其他相关因素及业主方的管理能力和偏好，有必要作进一步分析。

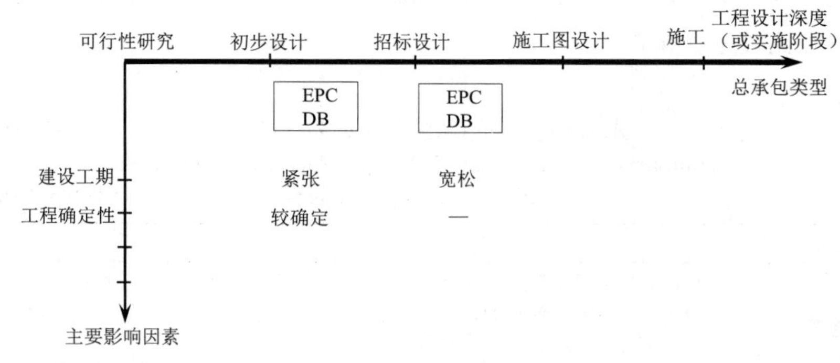

注：“—”表示不受这方面因素限制。

图 3-9 工程总承包范围谱分析图

Fig.3-9 Contracting range spectrum analysis of DB method

其次，建立工程总承包范围分析表，见表3-7。针对具体工程情况，采用排除法，排除不能适应工程和建设条件属性的方案。如工程的工期要求很紧迫，此时，招标设计后的工程总承包通常就被排除了。以此类推，可选择出最合适的总承包范围。

工程总承包范围分析表 表3-7
Contracting range analysis of DB method Table 3-7

工程总承包范围 \ 主要影响因素		建设工期	工程确定性	工程规模	其他因素
EPC	EPC（初步设计后）				
	EPC（招标设计后）				
DB	DB（初步设计后）				
	DB（招标设计后）				

3.5 工程实例分析

以笔者所在研究团队曾参与的某水利工程总承包（设计施工总承包）项目为例作一分析。该工程为水利部某流域管理局第一个工程总承包试点项目，包括两个单体建筑工程，以及专业水文设备的安装，设计概算为1182.7万元。业主方经公开招标选定某勘察设计研究院为该工程的总承包商，按合同规定，总承包商的工作范围包括：施工图设计、施工准备工作、施工、交付使用直至工程保修期结束。结合本章研究，从增值的角度对该水利建设项目实行工程总承包相对于传统交易方式的优越性进行分析。

首先，该水利工程总承包项目发生的实际造价的统计数据见表3-8。

某工程总承包试点项目工程造价统计表 表3-8
Construction cost statistics of a DB pilot project Table 3-8

费用名称	费用金额（万元）	费用说明
项目前期咨询费	20.79	业主方在项目招标前，委托某设计公司进行了方案设计和初步设计所发生的费用
委托招标代理费	5.83	业主方根据招标投标相关管理规定，委托某招标代理机构办理相关招标事宜所发生的费用
工程合同价格	868.68	中标的工程总承包商的报价，包含总承包团队发生的所有设计费用、施工费用及税金

续表

费用名称	费用金额（万元）	费用说明
工程变更费	36.9	项目实施过程中业主方认可的 7 起工程变更所发生的工程变更费用。其中，因业主方修改已批准的设计文件引起变更 5 起，费用 27.5 万元；因不可预见的工程建设条件引起的变更 2 起，费用 9.4 万元
业主方管理组织费	7.0	业主方在现场管理方面所投入的费用。通过业主方派驻在现场的人数和业主方负责基建部门的人均工资、人均办公费用等估算得出
委托监理费	14.5	业主方委托两家监理公司分别对项目的质量和造价进行监理，由此发生的监理费用分别为 13 万元和 1.5 万元
总计	953.7	业主方在该项目上发生的所有费用，即总造价

为了说明该项目实行工程总承包相对于传统 DBB 方式的优势，此处假定该项目没有实行工程总承包，而采用的是传统的设计施工相分离的 DBB 交易方式，并对其相应的工程造价进行估算，主要依据为该项目的初步设计和历史统计数据，表 3-8 中所列对应各项费用估算如下：

（1）项目前期咨询费的估算。在 DBB 交易方式下，设计完成后才开始施工招标，项目前期费用就是设计费用，一般认为完成初步设计的费用占整个设计费用的 45%，因此估算 DBB 方式下的设计费用，即前期咨询费为 46.2 万元。

（2）委托招标代理费的估算。采用 DBB 方式时，业主方通常按不同专业将项目分成建筑安装工程、装修工程、幕墙工程和专用设备工程 4 个子项工程，分别组织招标，根据每个子项工程的估算金额和国家相关收费管理办法，计算招标代理费，估计为 7.75 万元。

（3）工程合同价格的估算。根据业主方的历史数据和设计概算，估计建筑安装工程、装修工程、幕墙工程和专用设备工程 4 个子项的合同价分别为 487 万元、170 万元、36 万元和 250 万元，得到总价格为 943 万元。

（4）工程变更费的估算。在工程实施过程中，因业主方改变设计要求或不可预见的工程建设条件引起的工程变更费用，也均会在 DBB 交易方式中发生。另外，根据历史统计资料，由于设计疏漏及“可建造性”问题导致的工程变更费用大约占建筑安装工程费用的 2%。由此，在 DBB 方式下，变更费用除与工程总承包方式下相同的 36.9 万元之外，还包括设计疏漏及“可建造性”造成的工程变更费用（估计为 9.74 万元），即得到总的变更费用为 46.64 万元。

（5）业主方管理组织费。根据业主方的类似工程经历，在 DBB 方式下，业主方在现场的人数将由原来总承包方式下的 1 人增加到 4 人，由此估计业主方管理组织费为 18.67 万元。

（6）委托监理费。由 DBB 方式下所估算的工程合同总价，根据监理费用的计费标准，得到业主方的委托监理费为 18.95 万元。

以上各项费用相加，可得到如果原水利工程采用 DBB 方式，工程总造价将高达 1081.21 万元。不可否认，上述估算肯定存在误差，但根据业主方的历史统计数据，误差在允许范围之内。因此，完全可以说明该项目采用工程总承包后相对于传统方式实现了项目增值。通过与项目相关参与方进行访谈，可得到具体的项目增值途径及增值效果，主要表现在：

（1）通过工程优化降低工程造价实现的增值。该部分主要包括合同总价和工程变更费用。通过比较工程总承包方式和 DBB 方式下的数据：（868.68+36.9）－（943+46.64）＝－84.06 万元，即该部分节约了成本 84.06 万元。通过查阅工程的相关资料，发现总承包商申请的支付中，建筑安装工程、装修工程、幕墙工程和专用设备工程四部分的费用分别为 452 万元、160 万元、32 万元和 220 万元，和 DBB 方式下的估算值相比均有所降低。通过深入了解得知，造价降低的主要原因在于：采用工程总承包方式后，激发了总承包商对设计进行优化或创新的动力，而设计是决定工程经济性的关键性因素，通过设计与施工的融合，总承包商有动力和平台进行设计施工的一体优化，从而改善了设计的可建造性，降低了工程成本。相比之下，若采用 DBB 方式，由于设计费用是按工程投资额的百分比计取的，故设计单位往往较少考虑设计的经济性。此外，通过比较可以发现，工程总承包方式还减少了工程变更。总之，该项目实行工程总承包后通过工程优化，实现了造价降低的增值 84.06 万元。

（2）通过降低交易成本实现增值。交易成本可分为合同前交易成本和合同后交易成本两部分。本案例中，合同前交易成本主要包括项目前期咨询费和委托招标代理费。比较两组数据可知，工程总承包方式下节约的合同前交易成本为：（46.2+7.75）－（20.79+5.83）＝27.33 万元。以招标代理费为例，因其与组织招标的次数正相关，在工程总承包方式下，业主方仅组织了一次招标，而在 DBB 方式下，业主方需要组织 4 次招标，因此业主方发生的招标代理费与 DBB 方式相比明显更低，即通过减少招标次数节约了交易成本，实现项目增值。

本案例中，合同后交易成本主要包括业主方组织管理费和委托监理费。比较两组数据可知，工程总承包方式下节约的合同后交易成本为：（18.67+18.95）－（7+14.5）＝16.12 万元。以业主方管理组织费为例，由于在工程总承包方式下合同关系的单一性，业主方协调工作量明显减少，因而业主方所需花费的管理组织费也明显减少，即降低了交易成本，实现了项目增值。此外，由于本项目规模不大，业主方没有增加设计监理，因而没有出现这方面交易成本的增加。

从整个项目工程投资来看，该水利建设项目实行工程总承包后实现的增值估计为：83.06+27.33+16.12=127.51 万元，约占 DBB 方式下工程总造价的 11.8%。基于上述分析，该水利工程总承包试点是成功的。

3.6 本章小结

本章从水利水电工程项目目标分析入手，首先基于交易要素提出了项目增值途径的辨识方法，分析了项目增值的主要途径，以及项目增值的主要影响因素，在此基础上，构建了水利水电工程总承包增值效果分析矩阵，进而提出了项目增值的估算方法。其次，根据增值的估计结果，提出了水利水电工程总承包应用决策准则：由于通常情况下工期缩短方面的增值总是大于 0 的，因此当工程造价降低方面的增值大于 0 时，该水利水电工程应采用工程总承包方式，当工程造价降低方面的增值小于 0 时，此时需要作进一步研究确定是否采用工程总承包。最后，对水利水电工程总承包的范围选择问题进行了探讨，分析了目前水利水电工程总承包的两种类型：包括初步设计的工程总承包和不包括初步设计的工程总承包。在进行选择时应考虑工期紧迫性和工程不确定性等主要影响因素。

对于增值，其估算比较复杂，需要大量数据的支撑，本章仅给出了一个估计框架，涉及的相关参数和表达式有待结合工程实际作进一步研究。但本章提出的基于增值的水利水电工程总承包应用决策方法，与目前已有的项目交易方式选择方法相比更为直接。

本章参考文献

[1] Docin. 工程总承包和项目管理理论应用于实践的汇报 [EB/OL]. http://www.docin.com/p-538125324.html，2013-4-20.

[2] 王卓甫，简迎辉 . 工程项目管理：模式及其创新 [M]. 北京：中国水利水电出版社，2006.

[3] Tenah K A. The Design-Build Approach: An Overview [J]. Cost Engineering，2000，42（3）：31-37.

[4] Holly L S-D. Design-Build for Water and Wastewater Projects[M]. American Water Works Association, 2012.

[5] 姜兴国，张尚．工程合同风险管理理论与实务 [M]. 北京：中国建筑工业出版社，2009.

[6] 王卓甫，杨高升，洪伟民．建设工程交易理论与交易模式 [M]. 北京：中国水利水电出版社，2010.

[7] Ceylan B K. Determinants of project performance in the Russian construction industry: A strategic project management perspective[R]. Moscow: Construction Project Management Group，2010.

[8] Puspasari T R. Factors causing the poor performance of construction project [D]. Johor Bahru: University Technology Malaysia，2005.

[9] Chua K H，Kog Y C，Loh P K. Critical success factors for different project objectives [J]. Journal of Construction Engineering and Management，1999，125(3): 142-150

[10] Chan A P C，Ho D C K，Tam C M. DB project success factors-multivariate analysis [J]. Journal of Construction Engineering and Management，2001，127（2）: 93-100.

[11] Schaufelberger J E. Success Factors for Design-Build Contracting [J]. Construction Research Congress 2003，2003: 1-7.

[12] Lam E W M，Chan A P C，Chan D W M. Determinants of Successful Design-Build Projects [J]. Journal of Construction Engineering and Management，2008，134（5）: 333-341.

[13] Chen Y Q，Zhang Y B，Liu J Y，et al. Interrelationships among critical success factors of construction projects based on the structural equation model [J]. Journal of Management in Engineering，2012，28（3）: 243-251.

[14] Mafakheri F，Dai L，Slezak D，Nasiri F. Project delivery system selection under uncertainty Multi-criteria multilevel decision aid model[J]. Journal of Management in Engineering，2007，23（4）: 200-206.

[15] 陈勇强，焦俊双，张扬冰．工程项目交易方式选择的影响因素及其方法 [J]. 国际经济合作，2010（2）: 51-55.

[16] Touran A，Gransberg D D，Molenaar K R，et al. Selection of project delivery method in transit: drivers and objectives [J]. Journal of Management in Engineering，

2011，27（1）: 21–27.

[17] 杨高升，王敏，王卓甫．建设工程交易方式设计分析 [J]. 建筑经济，2007（7）: 109–112.

[18] 刘晓君，席酉民．拍卖理论与实务 [M]. 北京：机械工业出版社，2001.

[19] Whittington J M. The transaction cost economics of highway project delivery: design–build contracting in three states [D]. Doctoral Dissertation，University of California，Berkeley，2008.

[20] 邢会歌，王卓甫，尹红莲．考虑交易费用的工程招标机制设计 [J]. 建筑经济，2008（8）: 87– 89.

[21] 李慧敏．建设工程交易费用影响路径研究 [D]. 南京：河海大学，2011.

[22] 李慧敏，王卓甫．建设工程发包方式的谱分析与设计模型 [J]. 科技进步与对策，2009，26（21）: 91–94.

第 4 章 水利水电工程总承包合同计价方式创新

水利水电工程实行工程总承包，是因为其具有相对于传统交易方式的增值优势。但是要将潜在增值真正实现，需要承发包双方的共同努力。对于某一具体的水利水电工程总承包项目，其实际项目增值的大小与总承包方的努力程度相关，而总承包方努力程度又取决于发包方的激励水平。因此，项目增值是承发包双方相互博弈的结果。为使承发包双方达到“共赢”，客观上需要对项目增值进行合理分配。合同是一种风险、利益分配或转嫁机制，其基本目的与作用就是在交易双方之间分配风险或利益，而本书中的增值是风险和利益的统称，故项目增值也应以合同的手段来进行分配。由于本书主要考虑水利水电工程与其他工程项目相比的突出风险——工程量不确定性风险所引起的项目增值，对于其他风险或利益的分配问题可参考现有方法，本书不作研究。因此，对于项目增值的合同分配主要取决于合同计价方式。通过设计与水利水电工程总承包匹配的合同计价方式，使水利水电工程总承包项目增值得到合理分配，可促进总承包项目增值的实现。基于此，本章主要探讨如何面向增值分配进行水利水电总承包合同计价方式的设计。

4.1 项目增值分配途径——合同计价方式

根据第 2 章的定义，项目增值分配所分配的“增值”是指相对于合同规定值的增值，由于本书主要考虑水利水电工程与其他工程项目相比的突出风险——工程量不确定性风险所引起的项目增值，故进一步而言本书研究增值分配时的“增值”主要指相对于合同价的增值，而不涉及合同工期的问题。和其他工程总承包项目风险一样，水利水电工程总承包项目增值也应通过合同分配给承担者，作为承担者的合同增值（类似于合同风险）。因此，水利水电工程总承包项目增值分配首先取决于所签订合同的类型（本书指合同计价方式）。

4.1.1 常用合同计价方式及其特点分析

合同的种类受项目交易方式和业主方管理方式的影响。在实际工程中，按照合同计价方式分类，合同的种类丰富，有近 20 种。不同种类的合同，有不同的应用条件，不同的权利和责任的分配，不同的计价和付款方式，对合同双方有不同的风险。有时在一个工程承包合同中，不同的工程分项可采用不同的计价方式[1]。

目前，常用的建设工程合同可分为以价格为基础的合同和以成本为基础的合同两大类，其中以价格为基础的合同又可分为总价合同和单价合同两种，以成本为基础的合同则可分为成本补偿合同、目标成本（费用）合同和限定最高价合同三种，如图 4-1 所示。

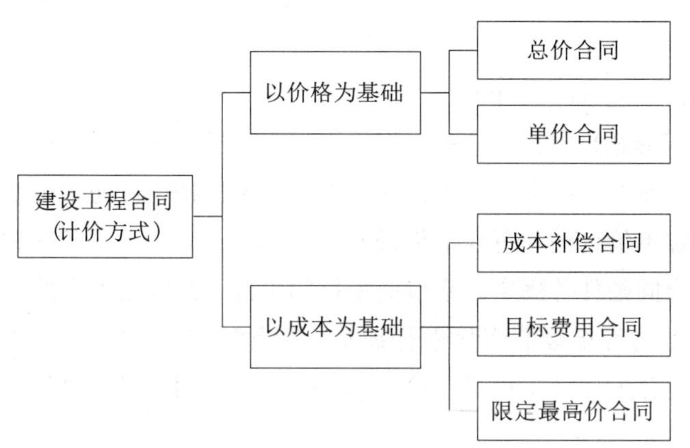

图 4-1 建设工程合同计价方式类型

Fig.4-1 Types of contract payment method for construction project

1. 以价格为基础的合同

以价格为基础的合同，采用的价格是在工程项目实施之前确定的，业主方所承担的风险较小，而承包商则必须承担实际成本大于合同价格的风险。这类合同又分为总价合同和单价合同两种。

（1）总价合同（Lump Sum Contract）

有时也称为包干合同，或约定总价合同，是指根据合同规定的工程实施内容及相关条件，业主方应付给承包方的款额是一个预先确定的金额，即明确的总价，承包商在这个价格下完成合同规定的所有工作内容。总价合同通常又分固定总价合同、调值总价合同（或称调价总价合同、可调总价合同）、固定工程量总价合同和管理费总价合同四种。其中最为常用的是固定总价合同（Firm Fixed Price，FFP），它是指工程全部费用一次包干的合同，属于闭口合同，除了设计有重大变更，一般不允许调整合同价格。所以在这种合同中承包商承担了全部的工程量和价格风险 [1]。由于承包商承担了项目的所有风险，因此为了保护自己的利益，承包商通常会在投标报价时考虑工程实施期间物价变化以及工程量变化带来的影响，从而增加一笔风险费用 [2]。

在国际工程中，固定总价合同应用较多，如在一些以“交钥匙”方式交付的工业项目中经常采用这种合同。业主方在招标时往往只提供工程初步设计文件，就要求承包商以固定总价合同承包。因初步设计无法提供较精确的工程范围和工程量清单，承包商必须承担工程量和价格风险，且风险很大，故承包商报价一般较高。FIDIC 的设计—建造与交钥匙工程合同条件就采用了固定总价合同[1]。

（2）单价合同（Unit Price Contract）

这种合同形式目前最为普遍，它是指按实际发生工程量和规定的工程单价结算的合同，而合同中的工程量仅为参考工程量。按单价是否可变，单价合同又可分为固定单价合同和可变单价合同，如 FIDIC 施工合同条件和我国水利水电工程施工合同条件等规定，承包商所报的单价不是固定不变的，在一定的条件下，可根据物价指数的变化进行调整，因此属可调单价合同[3]。另外，单价合同有时也分为估计工程量单价合同、纯单价合同，以及单价与包干混合式合同等形式[4]。

总体而言，单价合同要求设计图纸较完整，其特点是单价优先，承包商仅按合同规定承担报价（主要为单价）的风险，即对报价的正确性和适宜性承担责任，而工程量变化的风险则由业主方承担，因此对业主方和承包商而言，风险分配较为合理。但在工程实施过程中，业主方需要投入较多的管理力量，对实际完成的工程量进行计量或计量复核，以及对与工程价格相关的物价进行核实。

2. 以成本为基础的合同

以成本为基础的合同的价格在工程实施之前往往无法确定，必须等到工程实施完成之后，由实际的工程成本来确定，业主方要承担工程成本的风险，而承包商要承担的风险与以价格为基础的合同相比要小得多。同时，为保证承包商经济合理地使用各种资源和有效地组织施工，业主方要投入较多的力量对承包商进行管理和监督。以成本为基础的合同分为成本补偿合同、目标成本合同和限定最高价合同等及其衍生形式。

（1）成本补偿合同（Cost-Reimbursement Contract）

成本补偿合同，也称为成本加酬金合同，或成本加费用合同（Cost Plus Fee Contract）。这是一类实报实销外加一定费用（酬金）的合同，即在合同签订时不能确定一个具体的合同价格，只能确定酬金的比率或确定方法，工程最终价格按承包商的实际成本加一定的酬金计算。这类合同中，业主方承担了所有风险[2]。

成本补偿合同一般又可分为成本加固定费用合同（Cost Plus Fixed Fee）、成本加固定比例费用合同（Cost Plus Percentage of Costs）和成本加奖金合同（Cost Plus Award Fee）等多种形式。由于整体而言这类合同中承包商不承担任何风险，将导致承包商没有成本控制的积极性，不仅不愿意压缩成本，相反期望提高成本以提高自身经济收益，危及工程整体效益。因此，这类合同的使用应受到严格限制，通常仅应用于工程内容尚不十分确定的情况，或者非常专业或范围很难确定的项目，以及项目工期特别重要而需在合同文件完成之前尽早开工的项目[5]。

（2）目标成本合同（Target Cost Contract，TCC）

也称目标费用合同、目标价格合同。在美国也被称为成本加激励费用合同（Cost Plus Incentive Fee）[6,7]或财务激励。由此，该种合同有时也被认为是成本补偿合同的一种[8]。但由于目标成本合同与上文所述成本补偿合同相比，激励属性明显，即属于激励合同，因而本书仍将其单独列出进行分析。在目标成本合同中，由双方协商确定一个目标成本（或价格），在工程结算时，比较工程实际成本与目标成本的差异，按预先约定的分配比例来调整最终结算价。若实际成本超过目标成本，超过部分由承发包双方按商定比例共同分担；若实际成本低于目标成本，则节约部分由承发包双方按商定比例共同分享。

在英美等发达国家，目标成本合同在工业项目、研究和开发项目、军事工程项目中应用广泛。在这些项目中承包商在可行性研究阶段，甚至在目标设计阶段就介入工程，并以全包的形式承包工程。目标成本合同通过经济收益或损失的分享 / 分担，能够加强承包商和业主方之间的合作[9,10]，最大限度地发挥承包商工程管理的积极性，适用于工程范围没有完全界定或预测风险较大的情况[11]。

根据相关文献，目标成本合同可用公式表达为[12]：

$$\Pi_C=\Pi_T+\alpha(C_T-C_A) \tag{4-1}$$

式（4-1）中，Π_C 为承包商实际利润；Π_T 为承包商的目标利润；C_T 为目标成本；C_A 为实际成本；α 为承包商的风险（或利益）分配比例，称为承包商的分配比例，$0 \leqslant \alpha \leqslant 1$，则业主方的分配比例为 $(1-\alpha)$。

目标成本合同的难点之一在于要通过谈判确定 3 个参数：目标成本 C_T，目标利润 Π_T 和分配比例 α[13]。尤其是分配比例，实际成本低于目标成本的收益的分配比例往往和实际成本高于目标成本的损失的分配比例不一致[14]。也有人认为，分配比例的确定主要受承发包双方风险感知水平的影响。

（3）保证最高价合同（Guaranteed Maximum Price，GMP）

也称限定最高价合同，这类合同由双方约定一个最高价格，或称封顶价格，由承包商保证不超过此最高价格。若超过这一价格，超过部分由承包商自己承担；若低于此价格，节约部分按某一比例在承发包双方之间分享。美国建筑业学会（The American Institute of Architects，AIA）指出，GMP 是业主方和承包商协议中确定的一个总金额，作为业主方对承包商实施指定任务所发生项目总费用的支付上限，其包括劳力和材料成本、管理费及利润[15]。承包商除收到规定金额外，还将与业主方一起分享成本节约。如果成本超过保证的最大金额，承包商将承担超过部分的成本[16,17]。这种合同中业主方通常不存在风险，而对承包商的约束力较大。然而，项目通常有很多未知的不确定性，由此承包商可能为了保证不超过 GMP 而以牺牲工作质量和范围为代价。在美国，GMP 常用于 DB 项目中，在该类项目中，DB 总承包商通常在项目早期就会根据业主方准备的设计标准和建筑师完成的适度的设计，提供一个限定最高价[5]。

比较 GMP 合同和 TCC 合同，不难发现，GMP 合同和 TCC 合同具有很多相似之处。其中，GMP 合同中的封顶价格就类似于 TCC 合同中的目标价格。而在最终价格的确定方面，TCC 合同中不管是成本节约还是成本超支，均由合同双方按一定比例分担或分享；而 GMP 合同中成本节约是由业主方和承包商一起分享的，但成本超支仅由承包商独自承担。其实，由承包商独自承担也可看成是分配比率为 100:0 的特殊情况，因此从这种意义上来看，GMP 合同可视为 TCC 合同的一种变异形式[18,19]。

总结现有文献资料，上述合同计价方式的类型（或衍生形式）、特点、适用范围和条件，以及实际应用比较见表 4-1。

4.1.2 不同合同计价方式对总承包项目增值分配的影响

合同计价方式不仅仅会对业主方支付产生影响，也会对业主方与承包商之间的增值分配产生很大的影响，业主方对合同计价方式的选择实际上也是业主方进行增值分配的一个有效途径。

1. 总价合同对总承包项目增值分配的影响

总价合同中，总承包商承担了项目的绝大部分风险，几乎是全部工作量和价格风险。除了业主方要求和工程项目有重大变更外，通常不允许调整合同价格。因此，承包商一般可通过提高工程报价来规避风险[20]。在以设计图纸、

不同合同计价方式比较 表 4-1

Comparison of different contract payment methods Table 4-1

比较内容 计价方式	类型 / 衍生形式	特点	适用范围和条件	实际应用
总价合同	①固定总价合同； ②调值总价合同； ③固定工程量总价合同； ④管理费总价合同	①业主方的项目管理简单，风险也小； ②当工程出现工程变更时，对于工程总价和工期是否进行调整，或如何调整，双方可能会产生矛盾和纠纷	①工程内涵清晰，设计图纸完整，项目工作范围及工程计量依据确切，投标时间相对宽裕； ②更适用于工程量小、结构简单、技术不太复杂、风险不太大、工期不太长的项目	FIDIC 的设计—建造与交钥匙工程合同条件采用了固定总价合同
单价合同	①固定单价合同； ②可调单价合同	①单价优先，对业主方和承包商而言，风险分配较合理； ②在工程实施过程中，业主方需要投入较多的现场管理力量进行计量、控制； ③最终造价不能在早期确定	①要求设计图纸较完整； ②业主方编制的工程量清单应满足投标和结算的要求； ③更适合于项目开始前工程量定义不清晰、不能准确计量的项目	FIDIC 施工合同条件和我国水利水电工程施工合同条件等采用可调单价合同
成本补偿合同	①成本加固定费用合同； ②成本加固定比率费用合同； ③成本加奖金合同等	①承包商不承担任何风险，而业主方承担了全部风险； ②可尽早开工； ③承包商没有成本控制的积极性； ④业主方需更多现场人员进行成本控制	①工程范围无法界定，无法准确估价； ②工程特别复杂，工程技术、结构方案不能预先确定； ③时间特别紧急，要求尽快开工	在国外经常被用于一些带研究、开发性质的工程，以及时间很紧急的抢救、抢险工程等
目标成本合同		①使合同双方目标趋于一致，鼓励更多合作； ②能最大限度地发挥承包商工程管理的积极性	适用于工程范围没有完全界定或预测风险较大的情况	英国土木工程师学会（ICE）出版的 NEC 目标合同
限定最高价合同		发包方不存在风险，而对承包方的约束力较大	更适合于项目范围定义清楚的项目，尤其是交钥匙项目	国外常用于 DB 或交钥匙项目中

技术规程和其他招标文件为基础进行报价时，承包商会考虑项目施工过程中可能出现的费用上涨和不可预见的风险，从而增加一笔风险费用，所以报价一般较高。

采用总价合同时，承包商会尽量通过提高工作效率或使用价值工程等方法降低成本以增加利润。但这有一个先决条件：承包商不会通过降低工程质量来达到控制成本的目的，而工程质量取决于承包商的资源投入，业主方又无法直接观察到承包商的资源投入。因此，在总价合同下，承包商常利用项目实施中的信息不对称，通过降低资源投入来获得更高的利润，从而导致项目质量受到影响，损害项目的价值[21]。

此外，在总价合同中，承包商通过设计优化节约成本时，因业主方支付给承包商的金额通常不变，因此所产生的项目增值实际上由承包商获得，业主方没有分享到实行工程总承包产生的增值。实际上总价合同引发的是合同双方一种对抗的关系，而非合作关系，所以这样的增值分配显然是不太合理的。

2. 单价合同对总承包项目增值分配的影响

单价合同的主要特征是合同双方以工程量清单确定工程单价，在项目施工过程中，以工程单价作为价款支付的主要依据。即单价合同中是单价优先，工程量清单中的工程量仅作为投标报价时共同的报价基础，而实际结算时以实际完成的工程量和工程量清单中的单价进行计算。因此，单价合同中业主方承担了工程量的风险，而承包商承担了单价的风险。从风险分配的角度看，单价合同的风险分配符合“最具控制力原则”，是一种风险分配更为合理的计价方式[4]。

在工程总承包项目中，由于设计深度不够，业主方一般不提供工程量清单，所以总承包项目中通常不使用单价合同。另外，从项目增值的角度看，单价合同下承包商没有优化设计节约工程量的动力，因为结算时是以实际工程量结算的，承包商付出努力进行优化设计并没有相应的回报。从这个角度来说，单价合同在项目增值分配上又是不太合理的。

3. 成本补偿合同对总承包项目增值分配的影响

在成本补偿合同中，业主方通常向承包商支付实际成本加上一笔费用，这笔费用包括实际成本之外的其他费用（如管理费和利润），可以是固定的（对应为成本加固定费用合同），也可以是实际成本的一定比例（对应为成本加固定比例费用合同）等。以实际成本加固定比例费用为例，业主方的总支付可表达为：

$$P_A=C_A+F=C_A+bC_A=(1+b)C_A \tag{4-2}$$

式（4-2）中，P_A 为业主方的实际总支付，C_A 为承包商的实际成本，F 为业主方在实际成本之外支付给承包商的一笔费用（包括管理费和利润等），b 为一个固定的百分比。该类合同可用图 4-2 来描述。

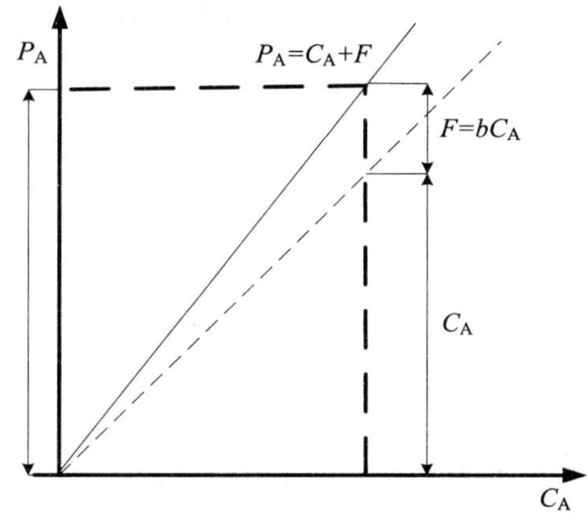

图 4-2 成本加固定比例费用合同

Fig.4-2 Cost plus fixed fee contract

由于成本补偿合同是实报实销，业主方承担了很大的成本超支风险，在项目前期，业主方很难确定项目的最终成本，对于工程总造价的控制是不利的。因此，成本补偿类合同的项目增值分配也是不合理的，承包商在工程实施中也没有控制成本的积极性，不会注意降低成本，反而可能想方设法增加工程量以增加自身利润，因此业主方最终支付的价格可能会很高[4]。这就是成本补偿合同在实际工程中应用范围较小的原因之一。

4. 目标成本合同对总承包项目增值分配的影响

如上文所述，目标成本合同可看成是在成本补偿合同基础上变异而来的一种计价方式。在目标成本合同中，“目标价格”是激励机制运作的支点轴。任何在该目标价格之上或之下的部分都将以预先确定的具体比例在合同双方之间进行分配。如果承包商通过设计以及实施方案的优化而节约成本，节约部分（即项目增值）是由承发包双方按事先确定的比例分成；成本超支时，超出的部分同样由双方按事先约定比例共同分担。在目标成本合同下，业主方的总支付可表达为：

$$P_A=C_A+F+(C_T-C_A)\times\alpha \tag{4-3}$$

式（4-3）中，P_A 为业主方的实际总支付，C_A 为承包商的实际成本，F 为业主方在实际成本之外支付给承包商的一笔费用（包括管理费和利润等），C_T 为目标成本，α 为承包商分享成本节约或分担成本超支的比例，本书称为承包商的增值分配比例，简称承包商的分配比例。α 可以是一个固定值，也可以是分阶段的多个数值，即随成本节约或超支的不同而不同。假设目标价格为 P_T，

$P_T=C_T+F$，再设业主方和承包商分享的项目增值分别为 S_O 和 S_C，则可用图 4-3 来描述分配比例 α 为一个固定值时的目标成本合同。

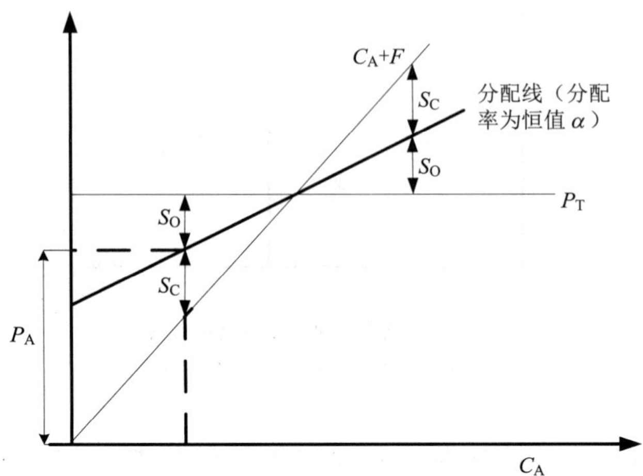

图 4-3　分配比例为固定值的目标成本合同

Fig.4-3　Target cost contract with a fixed distribution proportion

从图 4-3 容易看出，不管实际价格（成本）是高于或是低于目标价格（成本），实际价格（成本）与目标价格（成本）的差异部分都在双方之间进行分配。这体现了风险共担、利益共享的原则，因此，目标成本合同能最大限度地促进双方相互合作、共同努力节约成本，并降低风险，因而理论上而言，其项目增值分配是合理的。

5. 保证最高价合同对总承包项目增值分配的影响

如上文所述，GMP 合同实质上可以看成是目标成本合同的一种特例，即 GMP 合同是业主方只和承包商分享成本节约而不和承包商分担成本超支的一种特殊的目标成本合同，其中保证最高价，即 GMP 就相当于目标成本合同中的目标价格，如图 4-4 所示。在成本超支时由总承包商独自承担超支部分的成本，因此为了不超过 GMP，承包商可能降低资源投入而影响工程质量，所以 GMP 合同中项目增值分配不如目标成本合同合理。

6. 不同合同计价方式对总承包项目增值分配影响的比较

本书中增值是风险和利益的统称，采用不同合同计价方式时，风险和收益的分配情况存在差异，因此在比较不同合同计价方式对增值分配的影响时，需将风险分配和收益分配分别进行比较。

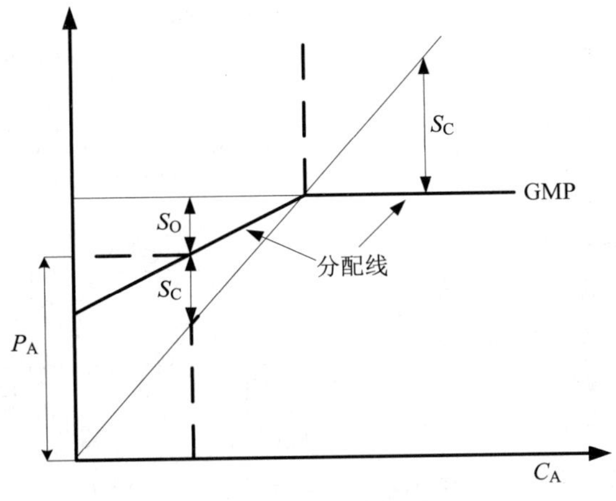

图 4–4 保证最高价合同
Fig.4–4 GMP contract

风险分配方面，主要的不同在于工程量风险和价格风险两方面的分配。根据上文分析，总价合同中承包商几乎承担了全部的工程量和价格风险，而成本补偿合同则正好相反，由业主方承担了所有风险。因此总价合同和成本补偿合同是两种极端情况。其他类型的合同计价方式的风险分配均介于上述两者之间。其中，单价合同中业主方承担工程量的风险，而承包商承担单价变化的风险；目标成本合同中，最后成本超支风险由双方共同分担，即不管是工程量的风险还是价格的风险，均由双方一起承担；保证最高价合同中超出 GMP 的部分全部由承包商承担，因此采用 GMP 合同时承包商的风险相比目标成本合同时要大，但由于这种风险仅限于超出 GMP 的部分，所以与单价合同和总价合同相比，保证最高价合同中承包商承担的风险相对要小。

对于不同合同计价方式下的细分类型，他们之间的风险分配也存在差异[22]，比较情况见表 4-2。整体上，可用图 4-5 来描述不同合同计价方式的风险分配情况。

从利益分配的角度看，不同合同计价方式中双方获得的项目增值分配差异也较大，这实际上反映了业主方对承包商实施工程优化的激励程度，比较情况见表 4-3。

此外，在上述 5 种合同中，不难发现，只有单价合同在风险分配上是清晰地区分了价格风险和工程量风险，分别由承包商和业主承担，而其他 4 种合同多是将价格和工程量混合在一起进行分配的。对于单价合同之外的其他 4 种合同，它们在形式上存在一定的相似性，下文将加以分析。

不同合同计价方式风险分配比较表　　表 4-2

Risk allocation comparison of different contract payment methods　Table 4-2

合同计价方式	细分形式	承担者		业主方风险程度比较
		工程量风险	价格风险	
总价合同	固定总价合同	承包商	承包商	低
	调价总价合同	承包商	业主方	较低
	可调工程量总价合同	业主方	承包商	较低
单价合同	估算工程量单价合同	业主方	承包商	中
	纯单价合同	业主方	承包商	中
	单价和包干混合式合同	业主方	承包商	中
成本补偿合同	实际成本加固定费用合同	业主方	业主方	较高
	实际成本加百分比合同	业主方	业主方	高
	实际成本加奖金合同	业主方	业主方	较高
目标成本合同	/	共担	共担	中
GMP 合同	/	承包商	承包商	中

注：本表只列出了业主方风险程度比较，承包商的程度比较与其相反，未列出。

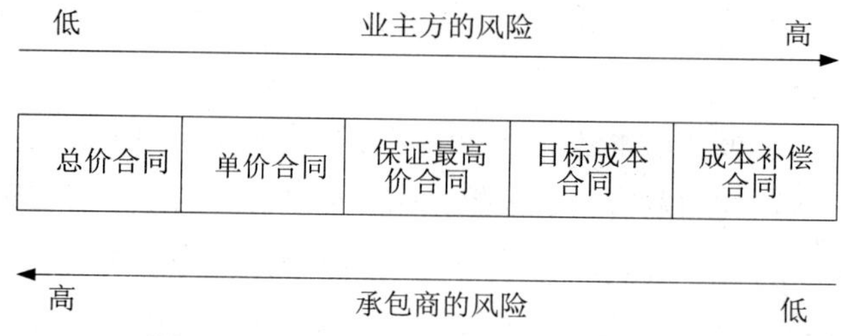

图 4-5　不同合同计价方式风险分配比较

Fig.4-5　Risk allocation comparison of different contract payment methods

不同合同计价方式对承包商激励程度比较表　　表 4-3

Comparison of incentive level to contractor by different contract payment methods　Table 4-3

合同计价方式	承包商获得优化收益程度	激励程度（实际优化程度）
总价合同	全部获得	高
单价合同	不获得	低
成本加酬金合同	仅采用实际成本加奖金形式时可部分获得	较低
目标成本合同	按比例获得	较高
GMP 合同	按比例获得	较高

4.2 合同计价方式与工程总承包的匹配

本书研究的是水利水电工程总承包中的关键问题，因此在合同计价方式设计时需要考虑与工程总承包这一交易方式的匹配，进行有针对性的分析。

4.2.1 合同计价方式与工程交易方式的匹配

合同计价方式和工程交易方式紧密相关，两者通常被同时提及。不同的工程交易方式，需要不同的合同计价方式来支撑，即需要不同合同计价方式与之匹配。文献 [3] 给出了项目风险一般、工期不太长的情况下合同计价方式与工程交易方式之间的匹配关系，见表 4-4。

合同计价方式与工程交易方式的匹配　　表 4-4

Matching relationship between contract payment methods and PDMs　　Table 4-4

交易方式 \ 计价方式	总价合同	单价合同	成本补偿合同	目标成本合同	GMP 合同
DBB	△	★	△	—	—
GC	★	★	△	—	—
DB	—	×	△	△	★
DP	—	×	△	△	★
EPC	—	×	△	△	★
CM	—	×	△	△	★

注：(1) 表中“★”表示匹配；“△”表示较匹配；“—”表示不常用；“×”表示不匹配。
(2) 表中相匹配分析仅适合于项目风险一般、工期不太长的情况。
(3) 表中仅列出了工程承包类发包类交易方式。

本书所指工程总承包至少包括设计、施工两个环节，即 DB 和 EPC 等模式的统称。从表 4-4 可以看出，与工程总承包模式较为匹配的合同计价方式为限定最高价合同、目标成本合同和成本补偿合同，而总价合同不常用，单价合同则不匹配。但表 4-4 是在项目风险一般、工期不太长的情况下总结出来的，并不一定适合于风险较大、工期较长的工程项目。对于工程总承包的常用计价方式，有人认为其一般的计价方式有：固定总价合同、可调总价合同、两阶段的总价合同、总协议下的分阶段合同、成本加酬金合同等 [20]，也有人认为其最普遍采用的 4 种合同计价方式为：固定总价合同、成本加成合同、带有封顶价格的成本加成合同和单价合同，其中单价合同一般仅是作为固定总价合同和成本加酬金合同的补充，对于工程的专项部分进行补偿[23]。

由于水利水电工程不确定性较大、工期较长，单一的固定总价合同或成本加成合同显然都难以克服风险过大或增值分配不合理导致激励不足的问题。因此，对于水利水电工程总承包需要为其重新设计合理的合同计价方式。

4.2.2 工程总承包下合同计价方式设计的影响因素

合同计价方式一般和工程项目交易方式紧密相关。通常条件下合同计价方式是在确定工程交易方式之后确定或者两者同时确定。除了要与所选择的的工程交易方式匹配之外，一个最优的合同计价方式还应符合项目的关键目标和约束，最合理地处理识别到的风险，并与项目的复杂性相适应[24]。具体项目中，采用何种合同计价方式，受多种因素的影响，表 4-5 列出了部分文献的观点。由于本书研究工程总承包方式，因此工程交易方式这一因素均未列出。

合同计价方式设计的影响因素 表 4-5

Factors for the design of contract payment method Table 4-5

影响因素 \ 文献编号	[24]	[1]	[3]	[25]	[26]	[27]	[28]	[29]
项目目标和约束	√	√						
风险分配 / 处理	√	√						
项目复杂性	√	√		√		√		√
项目设计深度		√		√	√	√	√	√
项目外部环境因素		√	√	√				√
承包商的诚信水平			√					
业主方项目管理水平			√	√				
进度要求的紧迫程度						√		√
工程施工的难易程度						√		
承发包双方的意愿								√
工程项目的明确程度			√					√
承包市场竞争程度								√

在表 4-5 中，有的因素之间是相互包含或存在相关关系，如进度要求的紧迫程度属于项目目标和约束一类的因素，工程项目的明确程度和复杂程度之间是有联系的，等等。根据表 4-5，合同计价方式设计的核心影响因素分析如下：

（1）项目明确程度和设计深度。总体而言，不同合同计价方式对项目明确程度和设计深度的要求差异较大。例如，总价合同通常要求项目细节比较明确；单价合同通常要求设计具有一定的深度，以便准确地估算项目成本；而成本加酬金合同较适合于项目细节不太明确，设计没有达到一定深度的情况。总之，随着设计深度越来越深，项目越来越明确，合同计价方式就越适宜采用总价合同；若设计内容粗略，则宜采用成本补偿合同；若项目明确程度处于模糊的中间状态时，则可采用单价合同。

（2）项目规模和复杂程度。一般而言，项目规模越大，技术越复杂，越难以采用固定总价合同，因为承包商要为此承担全部风险，可能造成其风险过大。单纯从业主方角度看，显然刚好相反，其希望将风险转嫁给承包商。

（3）工程进度的紧迫程度。对于工期要求紧迫的项目，往往要求及早开工，故仓促上马，准备不充分，项目实施中变更频繁，很难以固定价格成交，因此一般不宜采用总价合同，而宜采用成本补偿合同。

此外，业主方和承包方对合同计价方式的偏好显然存在差异。从业主方角度看，其总希望自己少承担风险，简化管理手续，并期望通过各种合同条件将项目风险全部转嫁给承包商。因此，许多业主对固定总价合同更感兴趣。而对承包商而言，通常不希望对大型复杂工程采用固定总价合同，以免承担过大风险。最后采用何种合同计价方式，需要双方协商决定，这在一定程度上也取决于承包市场的竞争激烈程度，即哪一方占有更大的主动权。

合同计价方式选择或设计是业主方和承包方双方签订合同前的重要工作。由于涉及双方利益、责任和权限范围，业主方和承包商应根据实际情况综合考虑上述多种因素，权衡利弊，根据项目具体的内、外部条件，在充分协商的基础上共同选择能为双方认可和接受的合同计价方式。

4.3 水利水电工程总承包合同计价方式设计

如上文所述，水利水电工程总承包合同计价方式的设计应考虑水利水电工程的特殊性，通过合理分配增值，激发总承包商优化工程的积极性，以发挥工程总承包的优势。

4.3.1 水利水电工程总承包现行合同计价方式的不适应性

1. 现行合同计价方式：固定总价合同

目前工程总承包模式在我国水利水电工程中的应用刚起步不久，经验不足。截止到目前，我国还没有出台统一的工程总承包合同示范文本，2009 年 1 月住房城乡建设部提出了《工程总承包合同示范文本（征求意见稿）》，2011 年 9 月印发了《建设项目工程总承包合同示范文本（试行）》，2011 年 12 月国家发展改革委等部门印发了《标准设计施工总承包招标文件》，但水利水电建设行业还没有将工程总承包合同条件提到议事日程。而目前水利水电工程总承包较多参考国际咨询工程师联合会（FIDIC）的“银皮书”《设计—施工—采购（EPC）/交钥匙工程合同条件》（Conditions of Contract for EPC/Turnkey Projects，简称“银皮书”）。

FIDIC 的“银皮书”中，业主和总承包商风险的分配不同于一般施工合同中业主方和承包商之间风险的分担。EPC 总承包商几乎要承担所有工程风险，包括全部“设计风险”和“外部自然力的风险”、物价上涨或汇率波动的经济风险、所有“不可预见的困难”发生时的风险，以及因为业主方提供的现场数据不准确而带来的风险。例如，FIDIC 的“银皮书”第 4.10 款［现场数据］中明确规定：“承包商应负责核查和解释（业主方提供）此类数据。业主方对此类数据的准确性、充分性和完整性不承担任何责任……”。

由于在“银皮书”中没有价格调整条款，因此其采用的是真正意义上的固定总价合同[4]。总承包商在合同执行过程中要求调整合同价格基本是不可能的。如果当时报价时出现漏项或没有估计到合同执行期间的“现场数据”不确定等风险，总承包商将面临巨大的风险。

2. 不适应性分析

FIDIC 的“银皮书”并不完全适合我国水利水电工程建设。FIDIC“银皮书”的前言中也明确了其适用范围：“推荐用于以交钥匙方式提供加工或动力工厂；也可用于由一个实体承担全部设计和实施的，涉及很小或没有地下工程的私人融资的基础设施项目”。显然，“银皮书”适用于较为确定的项目，而水利水电工程通常具有较大的不确定性，如果照搬“银皮书”的合同计价方式将产生不适应性问题。实际上，FIDIC 的标准合同条件主要适用于国际工程，而英、美等国家的本土工程项目均有自己的标准合同条件。

目前我国水利水电工程总承包项目有的虽没有采用“银皮书”，但合同计价方式基本均采用固定总价合同。对于不确定性较小的工程总承包项目采用固定总价合同是可行的，但是对于水利工程总承包模式固定总价合同并不是完全适用的。在固定总价合同中，合同价格的确定过程是总承包商以业主方给定的合同范围进行工程估算，除实际成本还包括利润、公司管理费和风险费用等，并进行投标报价，中标后与业主方签订合同，该价格即作为工程合同价。与单价合同计价方式的区别在于，总价合同认为总承包商在报价时已充分考虑了所有关于工程造价的影响因素，包括地质条件和材料物价等因素。因此，这种形式的合同适用于工期较短（不超过一年），对最终产品的要求又非常明确的工程项目，这就要求项目内涵清楚，设计图纸完整齐全，工作范围及工程量计算依据确切。

与石化、电力等其他工程项目相比，水利水电工程具有地质条件复杂、建设工期长、受防洪度汛等多方面因素影响等特点，这就使得工程建设过程具有较大的不确定性。水利水电工程总承包的合同计价方式如果像其他工程总承包一样采用固定总价合同，在实施过程中可能会产生很大的问题。在固定总价的环境下，水利水电工程的这种不确定性将全部转化为总承包商的风险。当总承包商风险超过其承受能力时，这种风险也可能进而转移给业主方，并导致工程的失败。越来越多的工程实例也显示，采用固定总价合同的水电工程总承包对业主方而言并非最明智的选择。例如，在广东试点的水利工程总承包项目中，就有部分项目由于承包商承担风险过大而导致了项目无法顺利实施。

综上所述，现行固定总价合同已不适合我国水利水电工程总承包，有必要对水利水电工程总承包项目的合同计价方式进行重新设计，以使其风险分配或增值分配更合理，从而适应水利水电工程总承包合同的顺利履行。

4.3.2 水利水电工程总承包“现场数据”不确定的特殊考虑

地质条件复杂导致的“现场数据”不确定通常是水利水电工程建设过程中遇到的一个十分重要的问题。地质条件不仅影响项目的设计，也是影响整个施工成本和进度的主要因素。如果地质条件和设计及预算不同，可能严重危及项目资金的周转。虽然在设计之前了解地质条件十分重要，但工程总承包项目中业主方的地质勘察工作通常做得比较粗略，比如仅限于钻孔工作等一般项目的调查。但是，即使业主方做了深入的地质勘察工作，也不能完全确定地下的地质条件，因为地质条件可能会发生很大的变化[23]。

对于地质条件变化引起的风险或利益的分配往往是合同中容易产生争议之处。有时业主方会采取各种方法，如通过采用固定总价合同将所有“现场数据”不确定的风险转嫁给承包方，而不管实际遇到的问题是否可以预见。此时，承包方为了应对这种风险，就会决定在投标时考虑一定数量的风险费用。有时业主方的认识则比较客观，认为地质条件的不确定性使得某些从未出现过的问题可能导致投标金额过高，业主方由此允许承包方在不同的地质条件条款中包括额外的成本预算和工期延长。这种做法在美国联邦合同中经常采用[23]。这种情况下，其实质是将部分冒险因素排除在投标内容之外，潜在总承包商在投标时不必衡量遇到不利地下条件时的风险或利益，也不必再在投标报价时考虑增加一笔风险费用。

从上述分析可以看出，对于地质条件引起的风险或增值的分配问题，解决的方法与业主方如何看待风险有很大的关系。水利水电工程总承包中工程数据不确定性，一方面引发工程量不确定，存在较大的工程量风险；但同时因为工程总承包实行先招标后设计，又意味着工程存在着较大的优化或增值空间。认识到这两方面，就应将水利水电工程总承包与不确定性较小的其他工程总承包予以区别对待，不能一味照搬固定总价合同，而应该选择一种更适合水利水电工程特点的计价方式。新的合同计价方式应该能够同时解决这样两个突出问题，即一方面有效控制业主方风险，使业主方支付控制在一定范围；另一方面激励承包商承担一定风险，积极开展工程优化，实现工程项目增值。水利水电工程“现场数据”不确定引发其总承包合同计价方式重新设计／创新的内在驱动机理如图 4-6 所示。

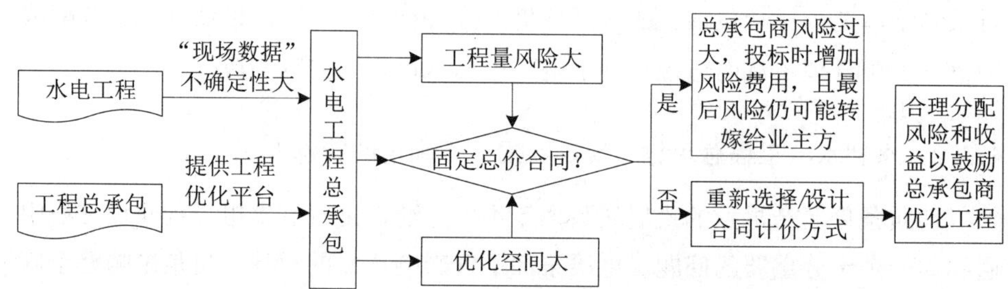

图 4-6　水利水电工程总承包合同计价方式创新内在驱动机理

Fig.4-6　Internal driving mechanism of contract payment method innovation for water resources and hydropower DB projects

4.3.3　水利水电工程总承包合同计价方式的重新设计

目前，国内外已出现了多种工程合同计价方式。不同的合同计价方式，其风险和责任分配不同，适合于不同的项目类型。由于工程项目具有单件性，因此对特定的工程项目而言，都应根据项目的具体特征来确定合适的合同计价方式。从这种意义上说，合同计价方式不仅是选择的产物，还是设计的产物。广义上，这种设计可以是从已有经典合同计价方式中进行选择，或对已有方式进行改进，也可以是完全创新的合同计价方式。

1.基于统一观点的合同计价方式设计思路

在上文提及的5种合同中，单价合同和总价合同是基于价格的合同，而成本补偿合同、目标成本合同，以及保证最高价合同是基于成本的合同，并且目标成本合同和保证最高价合同在一定程度上可视为成本补偿合同的衍生形式。此外，目标成本合同和保证最高价合同属于激励型合同，是介于总价合同和成本补偿合同两个极端之间的合同。图4-7描述了上述5种合同计价方式的内在联系。

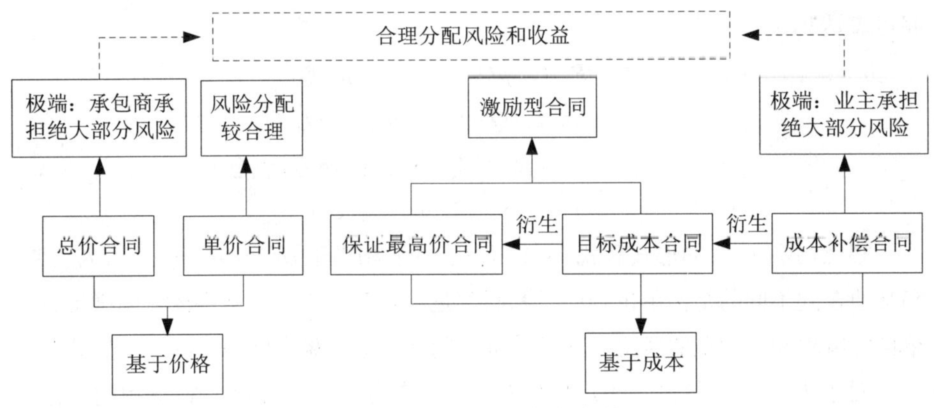

图4-7 合同计价方式之间的内在联系

Fig.4-7 Inner link between contract payment methods

为作进一步分析，借鉴文献[21]的方法，以一种统一的观点对上述各种合同计价方式的典型形式进行讨论。除了单价合同，其他4种合同的典型形式（如总价合同中的固定总价合同）实质上均包括以下几个参数：固定费用或目标成本，实际成本和风险或收益分配比例（本书统称为增值分配比例）。为了讨论方便，将基于价格的总价合同下的“固定费用”和基于成本的3种合同下的“目标成本”(保证最高价合同中的GMP可视为目标成本)统称为“目标成本”。

这样，除单价合同之外的其他4种合同计价方式实际由4个参数决定，即：目标利润（Π_T），目标成本（C_T），实际成本（C_A）和增值分配比例（α）。对于某些合同计价方式，上述某一个或某两个参数为常数（或0）。

如上文所述，若承包商的实际利润为 Π_C，则目标成本合同可表达为式（4-1），即：$\Pi_C=\Pi_T+\alpha(C_T-C_A)$，可以得到：

（1）当 $\alpha=1$ 时，$\Pi_C=\Pi_T+C_T-C_A=P_T-C_A$，$P_T$ 为目标价格，如果将其看成固定费用，则此时的合同就是固定总价合同；

（2）当 $\alpha=0$ 时，$\Pi_C=\Pi_T$，即承包商的实际利润仅为目标利润，此时的合同即可视为是成本加固定费用合同，属于成本补偿合同；

（3）当在 $C_T-C_A<0$ 的情况下 $\alpha=0$ 时，若将目标成本相应地看成是 GMP，则该合同就变成了保证最高价合同。

由此可见，上述 4 种合同之间在形式上有相似之处。事实上，对于单价合同，也可表达成类似形式。假定综合单价用 p 表示，除去利润部分后的单价（本书称为成本单价）用 p_c 表示，清单工程量用 Q_B 表示，实际发生工程量用 Q_A 表示，而将以清单工程量计算出的利润视为目标利润，则单价合同中承包商的实际利润可表达为：

$$\begin{aligned}\Pi_C&=P_A-C_A=pQ_A-p_cQ_A=(p-p_c)Q_A\\&=(p-p_c)Q_B+(-1)(p-p_c)(Q_B-Q_A)\\&=\Pi_T+[(-1)(p-p_c)/p_c](p_cQ_B-p_cQ_A)\\&=\Pi_T+[(p_c-p)/p_c](C_T-C_A)\end{aligned}\qquad(4-4)$$

显然，式（4-4）的形式和式（4-1）是相似的，相当于 $\alpha=(p_c-p)/p_c<0$，为负值。和其他合同不同的是，单价合同中利润都是隐含在单价里，其将风险明确地分为单价的风险和工程量的风险，这是单价合同和其他几种合同相比的特别之处。

对于上述 4 个参数，假定目标利润 Π_T 在各种合同计价方式下相同，则可将其初始化为零，这并不影响讨论。由此，在设计合同计价方式时，主要需要考虑 3 个参数，即目标成本、实际成本和增值分配比例。正是这些参数的差异，导致不同合同计价方式产生的效果差异很大。在设计合同计价方式时，可以针对这 3 个参数进行全新设计，也可以在现有合同计价方式基础上选择合适的类型，设置合理的参数，或对其进行改进，或选择混合使用多种合同计价方式。从整个过程来看，合同计价方式的简要设计思路如图 4-8 所示。

本书主要是基于现有合同计价方式进行研究，即可以从现有合同计价方式中选择一种合适的计价方式，通过合理设置其参数进行改进来满足需要，也可以选择几种计价方式混合使用。

2. 水利水电工程总承包合同计价方式初步选择

根据上文分析可知，不管从风险分配还是承包商享受成本节约分成的角度

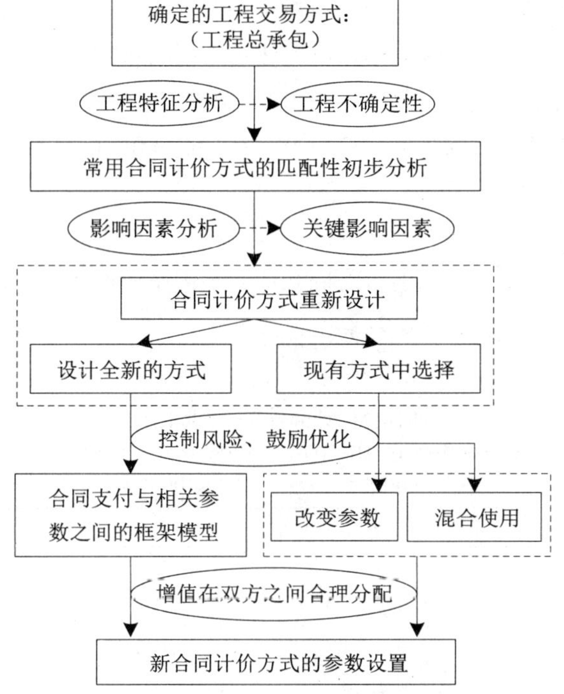

图 4–8 合同计价方式的简要设计思路

Fig.4–8 Brief design idea of contract payment method

看，即从增值分配的角度看，固定总价合同和成本补偿合同总是两个极端，而其他合同则介于这两个极端之间。为了更清楚地显示各种合同在增值分配上的差异，此处再采用定量的方法作一推导。为便于分析，假设：

（1）$V_C=\Delta C=C_T-C_A$ 为成本节约方面的项目增值（简称增值）。当 $\Delta C>0$ 时，成本节约，增值为正，表现为收益；当 $\Delta C<0$ 时，成本超支，增值为负，表现为成本风险。

（2）承包商的普通利润或目标利润 Π_T（即不考虑成本风险下的利润）在各种合同计价方式下都相等。故可在业主方向承包商的支付函数 $P_A=P(C_T,C_A,\alpha)$ 中减去该普通利润而不影响讨论，在此情况下承包商的利润即为成本风险报酬或增值分配额 Π_R（实际可能是成本节约收益的分配额或成本超支的分配额）。

（3）承包商的利润（即风险报酬或增值分配额）为业主支付减去项目实际成本，即：$\Pi_R=P_A-C_A$。

在上述假设的基础上，由上一节对不同合同的统一分析，各种合同类型中业主方支付和总承包商的收益均可以表达为下面的形式：

业主方支付：

$$P_A=P(C_T, C_A, \alpha)=C_A+\alpha(C_T-C_A)=C_A+\alpha V_C=C_T+(\alpha-1)V_C \quad (4-5)$$

总承包商的收益：

$$\Pi_R=P_A-C_A=\alpha V_C \quad (4-6)$$

以固定总价合同、目标成本合同和成本加固定比例费用合同为例，对不同合同 P_A、Π_R 和 α 的值比较见表 4-6。

不同合同计价方式的参数比较 表 4-6

Comparison of the parameters between different contract payment methods Table 4-6

合同计价类型	α	P_A	Π_R
固定总价合同	1	C_T	V_C
单价合同	$1-p/p_c<0$	$C_T+(-p/p_c)V_C$	$(1-p/p_c)V_C$
目标成本合同	(0，1)	$C_T+(\alpha-1)V_C$	αV_C
成本加固定比例费用	(－1，0)	$C_T+(1+\alpha)(-V_C)$	$\alpha(-V_C)$

由表 4-6 可以更清楚地看出各种合同在业主方风险、总承包商收益方面的差异，如成本加固定比例费用合同中，V_C 前有一个负号，表示该种合同对总承包商其实起着“负激励”的作用，即当实际成本超支时，总承包商反而能得到更多的收益。总体而言，对于固定总价合同、单价合同和成本加固定比例费用合同三种类型，无论采用哪一种单一合同计价方式，都不能很好地达到既能控制业主方风险又能鼓励承包商优化的目的，即难以解决水利水电工程总承包项目不确定性风险大的问题。因此至少需要对这几种方式进行改进或混合采用多种合同计价方式来解决。

而由表 4-6 的比较可知，采用目标成本合同则较为理想，只要增值分配比例 α 能够合理确定，就可以在承发包双方之间实现风险共担、利益共享。因此，目标成本合同可考虑用于水利水电工程总承包项目。但是，目标成本的确定是一件较为困难的事，由于成本是承包方的私人信息，其可能存在虚报成本的动机。因此，应用目标成本合同时需要关注承包方的诚信水平等信息。

从合同计价方式设计的影响因素看，由于本书主要考虑水利水电工程具有不确定性大这一特点，因此在选择或设计合同计价方式时，也主要考虑具体工程的不确定性。王卓甫等曾建立了以工程不确定性为坐标的合同类型谱（即合同计价方式谱）[30]，如图 4-9 所示。该图描述了工程不确定性与合同计价方式选择的关系，同时也显示了合同计价方式的应用随工程不确定性而变化的分布规律，即合同计价方式谱。在图 4-9 中，成本类合同包含目标成本合同，它和单价合同的应用均有一定的变化幅度，还会受到其他一些因素的影响，并不是绝对的。

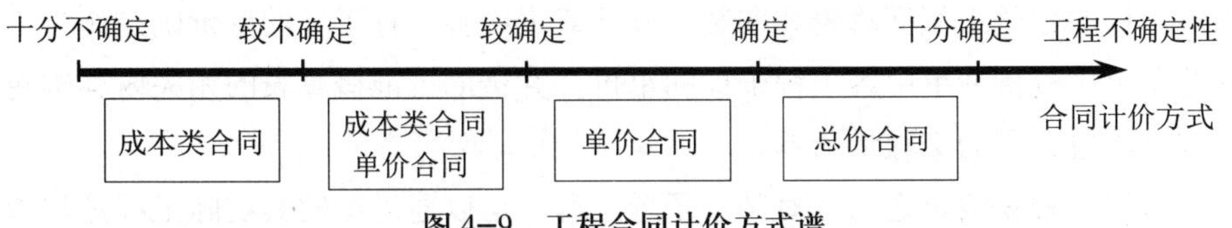

图 4-9　工程合同计价方式谱
Fig.4-9　Contract payment method spectrum

根据图 4-9，考虑水利水电工程的不确定性大的特点，也可以得出和表 4-6 一致的结论，即采用总价合同并不合适，而采用成本补偿合同和单价合同总体而言相对更为合适，但单纯的成本补偿合同和单价合同均不能鼓励优化以实现工程总承包的优势，即不能满足水利水电工程总承包项目成功的需要。因此，考虑在成本补偿合同和单价合同的基础上进行改进，使项目增值能在双方之间合理分配，达到双赢状态，此时合同就有了激励功能。

事实上，目标成本合同就是一种激励型合同，其实质上可以看成是成本补偿合同的衍生形式。目标成本合同可以兼顾到水利水电工程不确定性大和实现工程总承包在工程优化上的优势两个方面，因此，水利水电工程总承包可以考虑采用目标成本合同。

受目标成本合同衍生于成本补偿合同的启发，我们也可以在单价合同和总价合同的基础上构建具有激励性质的合同，以适应水利水电工程总承包的需要。因此，除目标成本合同外，还可考虑构建如下两种合同计价方式：

（1）基于单价的激励合同

单价合同和其他合同相比的特殊性在于工程量风险和单价风险是分开来考虑的，工程量风险和单价风险分别由业主方和总承包商承担。如果在水利水电工程总承包项目中采用单价合同，业主方承担的工程量风险较大，但也意味着潜在优化的空间大，而单价合同的风险分配方式使得承包商没有积极性进行优化，因为承包商通过优化设计节约工程量后并不能得到分成。因此，为了鼓励承包商进行工程优化，可考虑对单价合同进行调整，将工程量风险在双方之间进行分配。

为了进行工程量风险的分配，首先要构建水利水电工程总承包项目的工程量清单，而工程总承包招标时，工程初步设计还没开始，工程建设规模和建设标准均未完全确定。因此，此时难以提出确定的工程量清单，包括确定的工程量和工程单价。但是，当工程初步设计经批准后，工程建设规模和建设标准即完全确定，批准的工程概算单价也完全确定。此时，可根据工程总承包合同范围内工程的建筑工程概算表和安装工程概算表中各工程子项的单价确定作为工程总承包工程量清单中各工程子项的单价，并借助批准概算表的相关内容构建工程总承包合同的工程量清单。

有了工程量清单之后，对某一子项工程，可以通过比较其实际工程量与清单中的工程量得到工程量的变化。由于清单中的工程量本身是一种估算值，故在分配工程量风险时，可考虑设置工程量风险分配的临界条件，即当工程量增加或减少某一比例之内，工程量风险不予分配，只有超过这一比例后超过的部分才进行分配。承包商分配得到的工程量乘以承包商所报单价，即为承包商通过优化节约工程量的分成。至于单价，可以不变，也可根据需要设置成单价可调，关于物价等市场风险的分配目前相关方法已较为成熟，本书不作讨论，暂且假定单价不变。

根据上述描述，假设工程量风险分配的临界条件为：工程量变化的幅度超过比例 f 时，超过部分才进行分配。设承包商的分配比例为 α，则对某子项工程 i，设其实际完成时的工程量为 $q_{i\mathrm{A}}$，工程量清单中的工程量为 $q_{i\mathrm{B}}$，则该子项工程的工程量变化分配公式可表达为：

$$Q_i=\begin{cases}0, & \text{when } |q_{i\mathrm{B}}-q_{i\mathrm{A}}|\leqslant fq_{i\mathrm{B}}\\ \alpha[(1+f)q_{i\mathrm{B}}-q_{i\mathrm{A}}], & \text{when } q_{i\mathrm{A}}>(1+f)q_{i\mathrm{B}}\\ \alpha[(1-f)q_{i\mathrm{B}}-q_{i\mathrm{A}}], & \text{when } q_{i\mathrm{A}}<(1-f)q_{i\mathrm{B}}\end{cases} \tag{4-7}$$

设工程量清单中共有子项工程 n 项，他们的清单总价为 P_{B}，则业主方的实际支付 P_{A} 可表达为：

$$P_{\mathrm{A}}=P_{\mathrm{B}}+\sum_{i}^{n}p_{i\mathrm{B}}Q_i \tag{4-8}$$

式（4-8）中，$p_{i\mathrm{B}}$ 为子项工程 i 的清单单价。

这样，工程量风险分配后的单价合同就具有了激励性质，其可激励总承包商通过工程优化节约工程量，从而分享由此产生的项目增值。从式（4-8）可以看出，这种合同也可视为总价合同与单价合同的结合、改进形式。

（2）固定价格加激励费用合同

这种合同在实际中已经存在，出现在一些生产周期较长的产品制造项目中。一般包括两种形式。

1）第一种形式是合同价格为固定价格（一般在总承包商提交的报价基础之上获得）加上一笔“激励费用”(Fixed Price Plus Incentive Fee，简称FPIF)，其中激励费用的计算方法与目标成本合同相类似，但区别在于：在成本节约时，总承包商获得的总的支付是固定的，而在成本超支的情况下，总承包商承担一定比例的超支成本。这种合同中，成本节约和超支情况下业主方的支付和总承包商的收益见表 4-7。

FPIF 合同下的业主方支付和承包商收益　　表 4-7

Owner payment and contractor earnings under FPIF contract　　Table 4-7

	业主方的支付	总承包商的收益
成本节约	$P_A=C_T$	$\Pi_R=P_A-C_A=C_T-C_A$
成本超支	$P_A=C_A+\alpha(C_T-C_A)$	$\Pi_R=P_A-C_A=\alpha(C_T-C_A)$

2）第二种形式称为基于目标成本的总价加激励费用合同（Target Cost-based Fixed Price Plus Incentive Fee，简称 TC-FPIF)。当业主方想采用总价合同，但又担心承包商面临过大风险时，就可选择这种合同。

在 TC-FPIF 合同之下，业主方和承包商需要确定以下参数：

①目标成本：正常情况下工程项目将要花费的成本；

②目标利润（费用）：若承包商以目标成本完成项目，则他将获得全部的目标利润，目标成本 + 目标利润 = 目标价格；

③最悲观成本(Point of Total Assumption，PTA)：允许出现的最大成本，如果承包商的实际成本超过 PTA，则所有超出部分全部由承包商独自承担；

④最高限价（封顶价）：业主方可以支付的最高合同价格，即便承包商的实际成本超出这一最高限价，业主方也只向承包商支付最高限价，承包商必须自己承担超过部分；

⑤分成比例：是以目标成本为基点，业主方和承包商分担成本超支或分享成本节约的比例，在成本超支情况下，业主方只对最悲观成本与目标成本之差

按分成比例来分担，分成比例不适用于实际成本超过最悲观成本的那部分成本超支，这种成本超支由承包商独自承担。

综上，结合经典合同计价方式的比较，以及国内外相关实践，并考虑水利水电工程总承包项目的特殊性，提出上述 3 种可供选择的面向增值分配的合同计价方式：目标成本合同、基于单价的激励合同和固定价格加激励费用合同，由此建立水利水电工程总承包合同计价方式可选方案集，如图 4-10 所示。

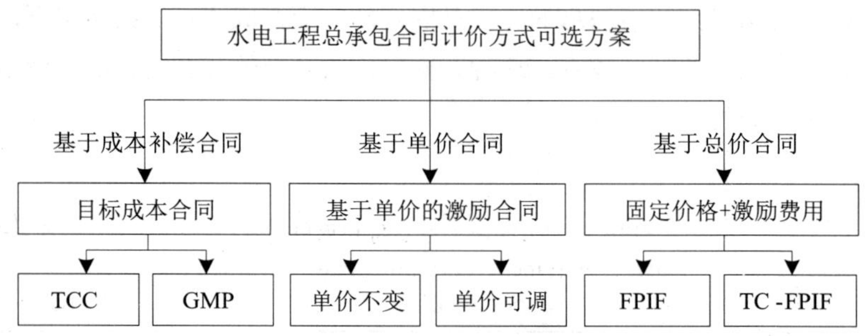

图 4-10　水利水电工程总承包合同计价方式可选方案

Fig.4-10　Alternative contract payment methods for water resources and hydropower DB projects

除图 4-10 中的合同之外，还可在其他合同中结合使用 GMP 合同，即设置一个最高成本，根据我国目前的情况，最高成本可以根据合同范围内工程概算值确定。类似的，可以设置一个最低利润和最高利润。最低利润即承包人承担了合同中规定承担的大部分风险，且其工作努力程度一般条件下的利润。最高利润应是承包人基本上没有承担合同中规定应承担的风险，且其工作努力条件下的利润。

当然，合同计价方式的选择 / 设计不仅与工程不确定性相关，还与其他因素相关，如工程建设工期，建设工期长，由于物价的变化，如果采用固定总价合同则超出预算的风险就大。又如承包商的诚信水平，如果承包商诚信水平高，则采用目标成本合同时就不用担心承包商虚报成本等现象的发生。总之，合同类型的选择，除了考虑工程的不确定因素外，还要分析其他一些关键因素，由此可建立如图 4-11 所示工程合同计价方式谱分析图[30]，对工程合同计价方式作进一步选择，可采用排除方法，考虑各因素的影响后排除不适应具体工程的合同计价方式，得到可行的合同计价方式。由于本书主要研究工程不确定性引起增值对合同计价方式设计的影响，因此对其他因素不作深入研究。

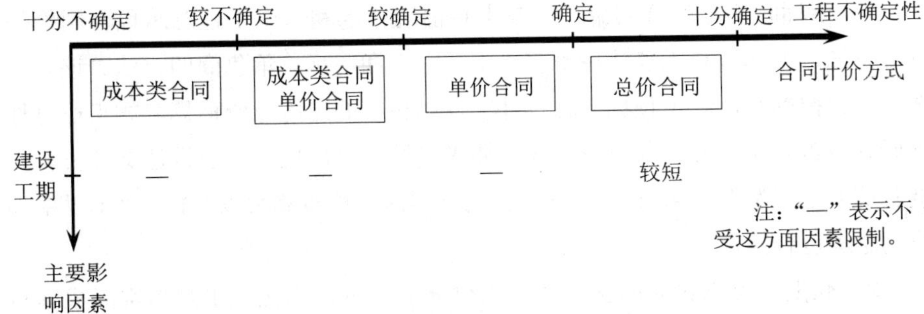

图 4-11　工程合同计价方式谱分析图

Fig.4-11　Spectrum analysis diagram for project contract payment method

3. 水利水电工程总承包合同计价方式参数设置

在上述 3 种可供选择的合同计价方式中，当确定采用其中某一种后，需要进一步考虑项目增值的合理分配来设置合同的具体参数。分析如下：

（1）目标成本合同 /GMP 合同参数的确定

当一个具体的水利水电工程确定采用目标成本合同时，需要设计的主要内容包括：目标成本、目标利润、增值分配比例（节约分成或超支负担比例）。各参数的设计如下：

1)目标成本。可根据工程预算或概算,再考虑水利水电建设市场竞争情况,按工程预算或工程概算下浮一定比例确定,即:目标成本 = 工程预算价 ×（1 －下浮率)或目标成本 = 工程概算价 ×(1 －下浮率)。如按合同范围内工程预算价,并按 5% 的“下浮率”确定，即为工程预算价的 95%，或按工程概算确定下浮 10% 确定，即为合同范围内工程概算价的 90%。

2）目标利润。可参考计划利润，并适当考虑市场情况按目标成本的一定比例确定。

3）增值分配比例。需要考虑合同双方风险、利益平衡，确定该分配比例，节约分成的比例和超支负担的比例可以相同，也可以不同。

采用 GMP 合同时，还需要确定一个限定最高价，即封顶价格，也可根据合同范围内工程概算确定,如按工程概算价下浮 5%,即按工程概算价的 95% 确定。由于在 GMP 合同结构中，目标成本上下的分配比例一般不一样，故与目标成本合同相比，GMP 合同对承包商风险往往要更大。

（2）基于单价的激励合同参数的确定

根据式（4-8)，这种合同计价方式下业主方总支付分为两部分：

1）招标时确定的合同价。可参考目前现行水利水电工程总承包合同价的确定方法，即通过总承包招标确定“下浮率”和中标总承包商的方法。该方法在总承包招标时，给出预期工程设计文件和相应的工程投资估算，如工程可行性研究报告和相应的工程投资估算，要求投标人提出批准初步设计文件及相应概算的“下浮率”，并将工程总承包合同范围内工程概算乘以（1 －“下浮率”）作为总承包合同价。

2）业主方对承包商的优化成果支付分成价格，优化成果是指实际成本与合同价的差值。实际成本是用工程单价乘以实际工程量所计算出来的。显然这种优化分成与业主方的激励程度以及承包商的努力程度有关。

可以看出，在这种合同下，需要确定的主要参数是优化分配的临界幅度 f 和优化分成的比例 α，其中 f 需要结合工程量估计的准确程度确定，而 α 的确定与目标成本合同中分配比例的确定方法类似。

（3）固定价格加激励费用合同参数的确定

对于第一种形式，即 FPIF 合同，参数的确定与目标成本合同类似，此处不再赘述。对于第二种形式，即 TC-FPIF 合同，设目标成本、目标利润、目标价格、最高限价、最悲观成本、业主方分配比例分别为 C_T、Π_T、P_T、$\overline{P}$、C_{PTA} 和 α，则业主方和承包商可按表 4-8 所示三种方法中的任一种进行合同谈判，以确定相关参数。

TC-FPIF 合同下参数确定方法 **表 4-8**

Parameter determination method under TC-FPIF contract Table 4-8

	方法一	方法二	方法三
Step 1	通过谈判确定 C_T 和 Π_T，相加即得 P_T	通过谈判确定 C_T 和 Π_T，相加即得 P_T	通过谈判确定 C_T 和 Π_T，相加即得 P_T
Step 2	谈判确定 C_{PTA} 和 α	谈判确定 $\overline{P}$ 和 C_{PTA}	谈判确定 $\overline{P}$ 和 α
Step 3	计算得到 $\overline{P}$	计算得到 α	计算得到 C_{PTA}

其中，第三步中相关计算公式为：

$$\overline{P}=(C_T+\Pi_T)+\alpha(C_{PTA}-C_T) \tag{4-9}$$

$$\beta=(\overline{P}-P_T)/(C_{PTA}-C_T) \tag{4-10}$$

$$C_{PTA}=(\overline{P}-P_T)/\beta+C_T \tag{4-11}$$

而 C_T、Π_T、P_T 的确定和目标成本合同下类似。

可以看出，在上述三种合同计价方式中，均存在的一个关键参数是增值分配比例，下一章将对其进行专门研究。

4.4 工程实例分析

为探索水利工程建设管理新模式的应用，促进广东水利工程建设既快又好发展，广东省水利厅2008年9月发文，决定有针对性地选择部分水利建设工程进行工程总承包的试点，并于2009年成立水利建设工程实行工程总承包（试点）领导小组及办公室，以推动工程总承包试点工作。根据广东省水利建设工程总承包（试点）的暂行办法，此次工程总承包（试点）采用设计采购施工总承包（EPC），即总承包单位负责中标工程的勘测、初步设计、施工设计、监理、施工、采购以及试运行等，且总承包（试点）工程项目按照工程总价承包，采用综合评估法（暂行办法建议商务标占40%～50%）选定中标人。

截至2011年底，广东省水利建设工程总承包（试点）项目6个，各工程总承包项目承包范围均包括了工程初步设计，工程总承包合同价均采用批准工程概算打折（下浮）的办法。

以该次试点项目之一——某县某水库除险加固工程为例，该工程经招标方式选定广东某勘测设计研究院为总承包商，审批前工程初设概算为14235.61万元，审批后的初步设计概算为10149万元，合同总价为8439万元。该项目参照FIDIC合同条件，采用固定总价合同。但由于该项目不确定性较大，在建设过程中，发生多起“工程变更”，业主方将工程总承包合同变更分为两类：

（1）总承包合同确定的工程设计方案与批准的初步设计不一致，需对设计方案进行调整，或工程实施方案与批准的初步设计不一致而对初步设计进行的调整。它们均改变了原总承包合同的约定，称其为一类合同变更。

（2）工程设计优化、地质条件变化引起的工程量的变化，或结构的局部变化等均属合同范围内的数量的调整，并未改变原总承包合同的约定，称其为二类合同变更。

其中对于“二类变更”中设计优化引起的工程量变化，在工程总承包环境下实际上并非属于变更，但目前却存在这样的错误认识，而且对于这种“变更”的处理，目前也存在争议，即对于工程总承包方进行设计优化所节省的工程成本在业主方和总承包商之间如何分配，业主方和总承包商各执一词。

工程总承包方的设计人员认为，既然工程总承包合同为“固定总价合同”，即使由于优化节约了工程量，也应该可以获得全部合同款，而业主方则希望按合同的变更处理，即根据减少的工程量来扣减合同款。另一方面，在固定总价合同下，对于工程地质变化引起工程量或局部结构调整的变更，承发包双方也存在很大争议。

从已知情况来看，在固定总价合同下，该项目的总承包商承担了大量的风险：

（1）预期初设概算（审批前的初设概算，或工程投资估算）、批准的初设概算和合同价三者相差过大。比较可知，批准的初设概算比审批前的初设概算下降了 28.7%，合同价比批准的初设概算下浮了 16.8%，合同价比审批前的初设概算下降了 40.7%。显然，在工程总承包招标中，若按批准的初设概算的下浮率确定合同价，总承包方存在较大风险，除非审批前的初设概算偏高。

（2）针对“二类合同变更”，业主方提出的处理方法对总承包商而言也存在着很大的风险，而且不能鼓励总承包商实施工程优化。

事实上，FIDIC“银皮书”的前言中明确了其适用范围：“推荐用于以交钥匙方式提供加工或动力工厂；也可用于由一个实体承担全部设计和实施的，涉及很小或没有地下工程的私人融资的基础设设施项目”。即“银皮书”的固定总价合同适用于工程确定性较高的项目。而本案例中的水利建设工程具有较大的不确定性，因可行性研究阶段勘测资料较为粗糙，加上该水利工程位于地质复杂地区。因此，必须适当地处理因工程地质条件的变化而引起的工程变更。

根据上述分析，该项目并不适合采用 FIDIC 条件及固定总价合同。根据本章的研究，在目前情况下，该合同计价方式建议采用本书所提出的基于单价的激励合同。

（1）对于合同价的确定，为了符合我国相关行业规定，目前由投标人报批准初步设计概算的“下浮率”的普遍做法是可行的，但是需要考虑当批准初步设计概算比预期初步设计概算降幅较大时的风险调整问题，即对“下浮率”进行调整，可参考我国水利水电工程施工合同条件的调价方法进行。

（2）工程总承包招标时，工程初步设计还未开始，工程建设规模和建设标准也未完全确定，此时难以提出确定的工程量清单，包括确定的工程量和工程单价。但当工程初步设计经批准后，工程建设规模和建设标准就完全确定，工程概算也完全确定。此时，可将工程总承包合同范围内工程的建筑工程概算表和安装工程概算表中各工程子项的单价乘以（1 －“修正后的下浮率”）作为工程总承包工程量清单中各工程子项的单价，并借助批准概算表的相关内容构建工程总承包合同的工程量清单。该清单经合同双方审核后，追加为总承包合同的正式文件，作为合同工程计量支付、合同工程完工结算等的依据。

（3）当总承包商通过工程优化节约了某子项工程的工程量时，此时业主方按一定分配比例将节约的工程量分配一部分给总承包商（因工程量一般可以观察到，不像成本是承包商的私人信息，因此不用考虑承包商虚报成本的问题），该工程量乘以工程单价即作为业主方对总承包商进行工程优化的利益分成，即增值分配额。其他子项工程也是一样。

不难看出，在这种合同计价方式下，总承包商通过优化设计能得到相应的增值分配，因而其优化工程的积极性将提高，而且其面临的风险也不至于过大。

4.5 本章小结

为使承发包双方达到"共赢"，客观上需要对水利水电工程总承包项目增值进行合理分配。而项目增值的分配需要以合同计价方式为途径。因此需要针对项目增值分配设计合理的合同计价方式，以满足水利水电工程总承包的需要。

本章首先比较了常用合同计价方式在风险分配、对承包商的激励程度等方面的差异，其次分析了合同计价方式与工程总承包的匹配，以及合同计价方式选择的主要影响因素。在此基础上，针对水利水电工程不确定性大及实行工程总承包后对工程优化的需要，提出了面向增值分配的水利水电工程总承包合同计价方式的三种可选方案，并探讨了相应参数的确定方法。水利水电工程总承包合同计价方式的详细设计还需要考虑其他因素开展深入研究。

本章参考文献

[1] 成虎．工程项目管理 [M]. 北京：中国建筑工业出版社，2004.

[2] Al–Harbi K M A–S. Sharing fractions in cost–plus–incentive–fee contracts [J]. International Journal of Project Management，1998，16（2）:73–80.

[3] 王卓甫，简迎辉．工程项目管理：模式及其创新 [M]. 北京：中国水利水电出版社，2006.

[4] 张尚．建设工程不同合同计价方式下的风险分配问题 [J]. 国际经济合作，2008（8）: 72–75.

[5] Sam Kubba. Handbook of Green Building Design，and Construction: LEED，BREEAM，and Green Globes [M]. Butterworth–Heinemann，2012.

[6] 贾湖，严明辉．目标成本合同在工程项目中的应用研究 [J]. 工程管理学报，2011，25（4）: 415−419.

[7] Broome J, Perry J. How Practitioners Set Share Fractions in Target Cost Contracts [J]. International Journal of Project Management, 2002, 20: 59−66.

[8] Wikipedia. Cost−plus−incentive fee [EB/OL]. http://en.wikipedia.org/wiki/Cost−Plus−Incentive_Fee.

[9] Bresnen M, Marshall N. Motivation, commitment and the use of incentives in partnerships and alliances [J]. Construction Management and Economics, 2000, 18（5）: 587−98.

[10] Badenfelt U. The selection of sharing ratios in target cost contract [J]. Engineering, Construction and Architectural Management, 2008, 15（1）: 54−65.

[11] 刘俊颖，刘瑞平，陈晨．目标价格合同激励模式及失效原因探究 [J]. 国际经济合作，2009（9）: 58−62.

[12] Scherer F M. The theory of contractual incentives for cost reduction [J]. Quarterly Journal of Economics, 1964, 78（2）: 257−280.

[13] Gandhi D K. A strategy for risk reduction in incentive contracting Decision Sciences [J]. 1979, 10（3）: 371−85.

[14] Perry J G, Barnes M. Target cost contracts: an analysis of the interplay between fee, target, share and price [J]. Engineering, Construction & Architectural Management, 2000, 7（2）: 202−208.

[15] AIA（The American Institute of Architect）. The Architect's Handbook of Professional Practice: 13th Edition [M]. New York: J. Wiley, 2001.

[16] Chan D W M, Chan A P C, Lam P T I, et al. Risk ranking and analysis in target cost contracts: Empirical evidence from the construction industry [J]. International Journal of Project Management, 2011, 29（6）: 751−763.

[17] Walker D H T, Hampson K, Peters R. Relationship−based Procurement Strategies for the 21st Century [M]. AusInfo, Canberra, Australia, 2000.

[18] Chan D W M, Chan A P C, Lam P T I, et al. An empirical survey of the motives and benefits of adopting guaranteed maximum price and target cost contracts in construction [J]. International Journal of Project Management, 2011, 29（5）: 577−590.

[19] Chan D W M, Chan A P C, Lam P T I, et al. Exploring the Key Risks and Risk

Mitigation Measures for Guaranteed Maximum Price and Target Cost Contracts in Construction [J]. Construction Law Journal（CLJ），2010，26（5）：364–378.

[20] 王延树，成虎．EPC 总承包新型计价合同——目标合同应用研究 [J]. 重庆建筑大学学报，2008，30（5）：73–76.

[21] 陈小新．项目管理的经济学分析 [M]. 北京：中国经济出版社，2006.

[22] 李欣兰．水利工程总承包模式下工程量不确定风险分配研究 [D]. 南京：河海大学，2012.

[23] Beard J L，Loulakis M C，Wundram E C. Design–Build: Planning Through Development [M]. New York: McGraw–Hill，2001.

[24] Queensland Department of Public Works. Procurement Strategy and Contract Selection（Second Edition）[M]. Brisbane Qld，2008.

[25] 高晓江．建设工程合同管理要旨 [M]. 北京：中国建筑工业出版社，2011.

[26] 洪伟民．建设工程交易模式设计研究 [D]. 南京：河海大学，2008.

[27] 魁网．影响合同计价方式选择的因素 [EB/OL]. http://www.kui.cc/jlgcs/fudao/347404.html.

[28] 郑宪强．建设工程合同效率研究 [D]. 大连：东北财经大学，2007.

[29] 王卓甫，杨高升．工程项目管理：原理与案例 [M]. 北京：中国水利水电出版社，2005.

[30] 王卓甫，杨高升，洪伟民．建设工程交易理论与交易模式 [M]. 北京：中国水利水电出版社，2010.

第5章 水利水电工程总承包项目增值分配机制

根据上一章的研究，项目增值首先应通过合同计价方式进行分配，而确定采用某种合同计价方式之后，业主方应就项目增值分配的具体方案进行设计并与承包方进行协商，其中的关键问题之一就是要确定一个合理的项目增值分配比例。在水利水电工程总承包项目实施过程中，承包商有其收益目标，发包方也有其支付目标，由于信息不对称，双方在项目增值分配问题上存在着一种博弈关系。因此，对业主方而言，客观上需要提出满足这样条件的增值分配机制：既可以充分调动承包方优化工程或应对项目风险的积极性，又能尽可能减少自己的支付，即通过项目增值的合理分配实现业主方和承包方达到"双赢"。基于此，本章在上一章提出的合同计价方式可选方案的基础之上，利用委托—代理等相关理论，将对增值分配比例这一核心参数进行分析。

5.1 水利水电工程总承包合同及其双方关系分析

5.1.1 水利水电工程总承包合同的不完备性

1. 工程合同的不完备性及其原因

根据不完全契约（合同）理论，由于人们的有限理性、信息的不完全性（或不完备性）及交易事项的不确定性，缔约双方不能完全预见契约（合同）履行期内可能出现的所有情况，从而无法达成内容完备、设计周详的契约（合同）条款，或者说要在契约（合同）条款中明晰所有的特殊权利的成本过高，拟定完全契约（合同）是不可能的，不完全契约（合同）是必然和经常存在的。所谓不完全合同，就是指总存在未被列明的事项和未被指明的权利与义务的合同。在纷繁复杂的现实世界里，要想预见合同履行期间的各种可能发生的情况是不可能的，即使能预见到，要准确地描述各种情况也是极其困难的。导致不完全合同的原因是多方面的，包括人的有限理性、合同双方的信息不对称性等。

（1）人的有限理性。在建设工程交易过程中，尽管参与方希望自己的选择是理性的，但人的理性选择总是不完全的、有限理性的。由于人的有限理性与建设工程项目及其环境的复杂性和不确定性，不论是工程项目的业主方/项目法人还是工程承包人，既难以事先将与合同相关的全部信息写入合同条款，也无法预测到将来可能出现的各种偶然事件，更无法在合同中为各种偶然事件确定相应的处理方案并计算出合同事后的效用结果。因此，人的有限理性是导致合同不完备的重要原因之一。

（2）合同双方的信息不对称。所谓信息不对称是指交易中的各人拥有的信息不同。在工程交易中，合同当事人一方拥有另一方难以拥有的信息（即为信息拥有方的“私人信息”），特别是另一方无法验证的信息，由此造成信息不对称。不对称信息不仅包括外生性不对称信息，即交易对象本身所特有的特征、性质等，还包括内生性不对称信息，即合同签订后，他方无法观察到的、事后无法推测到的行为所导致的信息不对称。这些信息不对称现象在工程实践中普遍存在。一般而言，对不可观察的行为与无法验证的信息可以通过设计一份好的合同来减轻信息不对称的程度，但要完全解决信息的不对称性是不可能的。加之具有机会主义行为倾向的合同当事人还可能利用这种不对称信息尽量逃避风险。因此，从信息不对称的角度看，合同的不完备是绝对的。

2. 水利水电工程总承包合同不完备性分析

与其他不确定性较小的工程项目相关合同相比，水利水电工程合同通常具有更强的不完备性，主要表现为：

（1）对工程建设条件描述不完备。由于水利水电工程建设条件通常较为复杂，影响因素众多，在对工程地质条件、交通条件、水电供应、建设市场等方面进行描述时，难以保证完备性。其原因既有客观原因，也有主观因素。如，某水电工程，设计单位根据勘测资料确定了挡水大坝填筑的料场，并据此组织工程招标、确定施工单位。但当挡水大坝开始施工、深入勘察时才发现该填筑料场的土料不能满足工程结构要求。因此，只得另外选择填筑料的料场，并相应变更工程合同、调整工程单价。此外，由于人对客观世界的认识是有局限性的，如气象、水文等方面的变化规律，人们一般是通过目前掌握的有限资料进行统计分析而得，但其准确性难以判断；又如，人们经常以局部的地质勘测数据作为依据，来推断工程地质条件，作为工程设计的依据，但许多工程实践表明，实际工程地质情况与设计时对地质情况的认识有时大相径庭。由于水利水电工程在工程结构、工程技术和工程地质等方面的复杂程度通常较高，加之气象、水文、地质等因素对水利水电工程建设的影响通常较其他类型工程项目更为明显，因此对水利水电工程建设条件的准确描述将更加困难。

（2）对合同履行过程中的各种干扰描述不完备。水利水电工程建设通常涉及更多的环境问题和移民问题，相关问题若处理不到位将可能面临一些干扰，进而影响工程建设的正常有序开展。这些干扰在签订合同时就难以全面、准确预测，也就难以在合同中描述完全。例如，国内某大型调水工程施工过程中，就经常出现当地居民“阻工”现象，一些居民认为工程施工给他们的生产生活带来不便或风险，要求工程暂停施工，改变施工方案或工程结构，他们提及的具体原因多种多样，其中某一标段原工程设计是采用强夯法加固地基，但临近居民提出，这种施工方法使其住房产生裂缝，带来安全风险，因而阻止继续施工。类似此种干扰事件在实践中时有发生，而且都是事先难以预见的。

水利水电工程合同的上述不完备性将引发诸多管理问题，包括风险分配问题、委托代理问题、工程变更与索赔问题、合同争端问题等。

5.1.2 承发包双方的委托—代理关系

根据上文的分析，在水利水电工程总承包交易中，由于交易客体的特殊性，风险与信息的不完全性较其他工程项目交易更为明显，一方面水利水电工程本身的特点决定业主方对于工程产品的需求和实施计划之间存在信息的不对称性，另一方面业主方和承包方之间的信息不对称更为严重。

由信息经济学可知，任何一种涉及不对称信息的交易，交易双方之间的关系均属委托—代理关系，其中具有信息优势的一方称为代理人，另一方则称为委托人[1]。因此，从经济学角度看业主方和总承包商之间存在“委托—代理关系”。其中，业主方是委托人，负责项目需求的制定，而总承包商是代理人，具体负责项目的实施过程，因而掌握了更多项目实施过程中的信息，相对于业主方具有信息优势。作为代理人的总承包商通过项目实施从作为委托人的业主方获得相应的报酬。业主方希望承包商按照业主方的利益选择行动，但他并不能观察到总承包商实际选择了什么行动（如是否努力降低工程造价），而只能观察到总承包商行为结果的一些变量（如实际工程量的变化），这些结果是由总承包商的行动和其他外生随机因素共同决定的。

由于总承包商具有信息优势，其可能在危害业主方利益的情况下追求自身的利益最大化，因此业主方在起草合同时通常都是假定承包商是具有机会主义动机的[2]。而项目增值分配就是要提供一种激励机制，鼓励总承包商通过工程优化而不是损害业主方利益来获得更大的利润。

5.1.3 承发包双方的目标差异

由于业主方和总承包商的委托—代理关系，加上工程合同的不完备性特点，将造成业主方目标与总承包商目标上的差异。

对业主方而言，从追求自身效用最大化出发，他希望总承包商发挥工程总承包的优势，积极优化工程，以使水利水电工程达到造价低、工期短等，实现项目增值。具体而言，就是在质量和工期等目标满足要求的前提下，降低自身的总支付。

而总承包商是以谋求自身利润为目标的，要想发挥工程总承包的优势降低造价、缩短工期，总承包商是要付出努力进行工程优化的，如果总承包商付出努力优化工程却得不到期望的补偿或优化分成，则其利润将减少，因此总承包商可能不会选择努力优化工程，甚至可能发生“道德风险”行为，通过损害业主方的利益增加自己的效益，这样，工程总承包的优势难以发挥，业主方希望项目增值的愿望也将落空。

因此，水利水电工程总承包项目增值的分配就是要使承发包双方的目标趋于一致，既能控制业主方支付，又能使总承包实施工程优化“有利可图”，从而实现“双赢”。

5.2 基于委托—代理模型的项目增值分配比例分析

水利水电工程的工程量不确定性大，优化空间大，实现成本节约的可能性就大，即项目增值潜在空间大，业主方应设计一种有效的项目增值分配方案，来鼓励总承包商进行设计优化以节约成本，进而增加自身的利润。项目增值的分配本身可视为一种激励机制。由于承发包双方之间存在委托—代理关系，故可利用委托—代理理论对项目增值分配比例进行分析。

5.2.1 委托—代理关系中的基本激励机制

委托—代理关系的中心问题是“风险”与“激励”的交换，即委托人应如何设计有效的激励机制以控制风险并激励代理人，从而达到委托人和代理人“双赢”的效果。已经证明，若委托人与代理人之间的信息是对称的，委托人能够观测到代理人的努力水平时，“风险问题”和“激励问题”可以独立解决，帕累托最优风险分担和帕累托最优努力水平可以同时实现。若委托人不能直接观测到代理人的努力水平，即在信息不对称条件下，代理人就可能产生“道德风险”和“逆向选择”行为，上述帕累托最优无法实现。因此，标准委托—代理理论就是研究在信息不对称基础上如何进行激励机制设计。由 Ross[3]、Mirrlees[4]、Holmstrom[5] 和 Grossman & Hart[6] 等人开创的委托—代理理论，应用模型分析，主要解决委托代理关系中存在的信息不对称问题。由于委托人与代理人之间的信息不对称，代理人的行动不能被委托人直接观察到，从而产生代理人不以委托人利益最大化为目标的“道德风险”和“逆向选择”问题，对这些问题的解决形成了现代企业激励理论的核心。

根据经济学的观点，所有激励机制的基本原理是：代理人采取某项工作行为（或努力）都是要付出一定代价的，因此如果没有激励机制（可将惩罚看成一种特殊的激励），则代理人倾向于降低其努力水平；相反，任何激励机制都需要委托人付出一定的代价（在奖励情况下可能是额外的支出，在惩罚的情况下可能是监控成本等），过高的激励也将损害委托人的利益，因此一个好的激励机制的目标就在于实现委托人和代理人的双重效用最大化，其具体目标就是在一定付出的情况下使得代理人尽可能提高其努力程度。下面用一个简单的模型来说明一般建设工程交易中发包方对承包方的基本激励机制。

首先假设：① a 表示工程承包方（代理人）的工作行为，为简单起见，设 a 为一维变量，即承包方为提高工程项目某一方面绩效（本书中相应为增值）所做的努力程度，$a \in A$，由于信息不完全，a 不能直接观察；②由于处在信息不完全的风险环境中，建设工程某一方面绩效的提高不仅与承包方努力程度有关，还受到工程外部环境各种风险因素的影响，故假定 θ 为既不受项目发包方控制也不受项目承包方控制的外生随机变量，即 $\theta \in \Theta$，且其分布函数为 $G(\theta)$，密度函数为 $g(\theta)$；③承包方选择了行为 α 后，相应的 θ 也随之出现，θ 与 a 共同决定工程项目绩效 $\pi(a,\ \theta)$（如工程质量方面的绩效）和可观测指标 $x(a,\theta)$（如工程质量检验中的缺陷率），$x \in X$。π 是 a 的严格递增的凹函数，是 π 的严格增函数；④ a 的分布函数满足一阶随机占优条件：$F_a(\pi,\ a)=\partial F/\partial a < 0$，即随着承包方增加努力，工程项目绩效水平提高的概率增大；⑤承包方不付出任何努力来提高工程项目绩效而将该努力用于从事其他工程活动得到的最大效用为 u_0，而因付出努力而取得的负效用为 $c(a)$。

发包方（委托人）将根据可观测指标 $x(a,\ \theta)$ 来决定支付给承包方的报酬 $\Pi(x)$，这样设计合理的合同价格条款，以激励承包方提高工程项目绩效的行为就转化为如何设计 $\Pi(x)$ 以实现发包方利益最大化问题：

$$\underset{a,\Pi(x)}{\mathrm{Max}}\, EU_O = EU_O[\pi(a,\theta) - \Pi(x(a,\theta))] \tag{5-1}$$

式（5-1）中，U_O 表示发包方的效用函数，E 为期望值算子。根据效用函数的性质，当发包方是风险厌恶者时，U_O 为凹的增函数，即 $U_O' > 0$，$U_O'' < 0$；当发包方是风险中性时，$U_O' > 0$，$U_O''=0$。

同时上述最大化问题还需满足以下两个约束条件：

1）参与约束：即承包方愿意付出努力来实现工程项目绩效的提高（本书

中项目增值也是类似的），表示为：

$$EU_{C}[\Pi(x(a,\ \theta))-c(a)]\geqslant U_{O} \tag{5-2}$$

式（5-2）中，U_C 是承包方的效用函数，E 为期望值算子。根据效用函数的性质，当承包方是风险厌恶者时，U_O 为凹的增函数，即 $U_C'>0$，$U_C''<0$；当承包方是风险中性时，$U_C'>0$，$U_C''=0$。

2）激励相容约束：由于承包方根据自身效用最大化来选择其行为，而发包方又难以直接通过合同来规定承包方的行为，只能通过设置合理的报酬来调节承包方的效用最大化方向，使之与发包方的效用最大化方向一致，目标是使承包方效用达到最大时的行为 a 同时使发包方的效用最大化，表示为：

$$EU_{C}[\Pi(x(a,\ \theta))-c(a)]\geqslant EU_{C}[\Pi(x(a',\ \theta))-c(a')],\ \forall a'\in A,\ a'\neq a$$

由此，建设工程合同风险分配就转化为求解如下最优化问题：

$$\begin{aligned}&\operatorname*{Max}_{a,\Pi(x)} EU_{O}=EU_{O}[\pi(a,\theta)-\Pi(x(a,\theta))]\\&s.t.\begin{cases}EU_{C}[\Pi(x(a,\theta))\quad c(a)]\geqslant u_{0}\\EU_{C}[\Pi(x(a,\theta))-c(a)]\geqslant EU_{C}[\Pi(x(a',\theta))-c(a')]\end{cases}\end{aligned} \tag{5 3}$$

根据期望值的定义，式（5-3）可写为：

$$\begin{aligned}&\operatorname*{Max}_{a,\Pi(x)} EU_{O}=\int_{\Theta}U_{O}[\pi(a,\theta)-\Pi(x(a,\theta))]g(\theta)\mathrm{d}\theta\\&s.t.\begin{cases}\int_{\Theta}U_{C}[\Pi(x(a,\theta))]g(\theta)\mathrm{d}\theta-c(a)\geqslant u_{0}\\\int_{\Theta}U_{C}[\Pi(x(a,\theta))]g(\theta)\mathrm{d}\theta-c(a)\\\geqslant\int_{\Theta}U_{C}[\Pi(x(a',\theta))]g(\theta)\mathrm{d}\theta-c(a'),\forall a'\in A,a'\neq a\end{cases}\end{aligned} \tag{5-4}$$

将 θ 的分布函数 $G(\theta)$ 变换为 x 和 π 的分布函数 $F(x,\ \pi,\ a)$，再假设 x 和 π 完全相容，即 $x=\pi$（在讨论项目的某些绩效如成本绩效时，这一假定是合理的，因为成本相对而言是比较容易观测的），由此上述优化问题可简化为：

$$\begin{aligned}&\operatorname*{Max}_{a,\Pi(x)} EU_{O}=\int_{x}U_{O}[x-\Pi(x)]f(x,a)\,\mathrm{d}x\\&s.t.\begin{cases}\int_{x}U_{C}[\Pi(x)]f(x,a)\mathrm{d}x-c(a)\geqslant u_{0}\\\int_{x}U_{C}[\Pi(x)]f(x,a)\mathrm{d}x-c(a)\\\geqslant\int_{x}U_{C}[\Pi(x)]f(x,a')\mathrm{d}x-c(a'),\forall a'\in A,a'\neq a\end{cases}\end{aligned} \tag{5-5}$$

如果 $F(x,\ a)$ 是 a 的凸函数，且满足：

$$\frac{\partial^2 F(x,a)}{\partial a^2} \geqslant 0, \quad \frac{\partial}{\partial x}\left(\frac{\partial f(x,a)}{\partial a} / f(x,a)\right) > 0 \qquad (5\text{-}6)$$

则可用激励相容约束的一阶条件来代替激励相容约束，至此，最优化问题变化为：

$$\underset{a,\Pi(x)}{\text{Max}}\, EU_{\text{O}} = \int_x U_{\text{O}}[x - \Pi(x)] f(x,a)\text{d}x$$
$$s.t.\begin{cases} \int_x U_{\text{C}}[\Pi(x)] f(x,a)\text{d}x - c(a) \geqslant u_0 \\ \int_x U_{\text{C}}[\Pi(x)] \dfrac{\partial f(x,a)}{\partial a}\text{d}x - c(a') \geqslant 0 \end{cases} \qquad (5\text{-}7)$$

对水利水电工程总承包项目增值分配问题，我们可参考上述基本激励机制，设计合理的项目增值分配比例，以实现业主方和总承包商风险共担、利益共享，从提高总承包商降低成本的积极性，即提高其节约成本的努力程度。

5.2.2 离散简化情况下增值分配比例的分析

由于水利水电工程项目增值影响因素很多，本书首先考虑不对称信息为离散类型的简化情况，做如下假设：

（1）设项目增值 $V=C_{\text{T}}-C_{\text{A}}$ 存在两种状态，当实际成本 C_{A} 低于或等于目标成本 C_{T}，即 $V=V_1=C_{\text{T}}-C_{\text{A}} \geqslant 0$，项目增值为正；反之，当实际成本 C_{A} 高于目标成本 C_{T}，$V=V_2=C_{\text{T}}-C_{\text{A}} < 0$，项目增值为负。

（2）假设总承包商在履约过程中的努力水平为 ε，其也存在两种状态，正努力和零努力。当总承包商为节约成本进行工程优化而付出了努力，即表示其努力水平为正努力，用 $\varepsilon=1$ 表示；当总承包商没有为节约成本进行任何优化设计的努力时，表示其努力水平为零，用 $\varepsilon=0$ 表示。设总承包商因付出正努力而支付的努力成本为 $C(\varepsilon=1) > 0$，总承包商付出零努力的努力成本为 $C(\varepsilon=1)=0$。

（3）由于影响项目增值的因素很复杂，总承包商付出正努力时未必一定取得正增值，付出零努力时也不一定不能取得正增值。但正努力取得正增值的可能性显然要比零努力大得多。可根据以往工程经验来估计总承包商努力程度影响项目增值的概率分布，此处设：$P(V=V_1|\varepsilon=1)=p_1$，$P(V=V_1|\varepsilon=0)=p_0$，$p_1 > p_0$。

（4）业主方和总承包方均为风险中性，则其效用与期望收益等值。

（5）假设分配比例只有一个值，即不是分段设置的，记为 α。

在上述假设和简化条件下，可对上一章中不同合同计价方式下的项目增值分配比例分别进行分析。

1. 目标成本合同下项目增值分配模型

在目标成本合同下，当总承包商付出正努力时，若实际成本超过目标成本时，超过部分由承发包双方按约定比例共同分担；若实际成本低于目标成本，则节约部分由承发包双方按约定比例共同分享。但超出部分的分担比例和节约部分的分享比例可以相同，也可以不同。为简化讨论，此处假设上述两个分配比例相同，即为 α。则承包商付出正努力时的效用可表达为：

$$EU_C=\alpha(p_1V_1+(1-p_1)V_2)-C(\varepsilon=1) \tag{5-8}$$

业主方的效用为：

$$EU_O=(1-\alpha)(p_1V_1+(1-p_1)V_2) \tag{5-9}$$

根据委托—代理理论，项目增值分配模型为：

$$\mathrm{Max}EU_O=(1-\alpha)(p_1V_1+(1-p_1)V_2) \tag{5-10}$$

$$s.t.\begin{cases}\alpha(p_1V_1+(1-p_1)V_2)-C(\varepsilon=1)\geqslant\alpha(p_0V_1+(1-p_0)V_2) & (5\text{-}11)\\ \alpha(p_1V_1+(1-p_1)V_2)-C(\varepsilon=1)\geqslant 0 & (5\text{-}12)\end{cases}$$

其中，式（5-11）和（5-12）分别为激励相容约束和参与约束。

记 $V_0=p_0V_1+(1-p_0)V_2$，当 $V_0>0$ 时，显然在式（5-11）取等号时，式（5-10）的目标函数取到最大值。因此，最优增值分配比例为：

$$\alpha^*=\frac{C(\varepsilon=1)}{(p_1-p_0)(V_1-V_2)}=C(\varepsilon=1)/(\Delta p\Delta V) \tag{5-13}$$

当 $V_0\leqslant 0$ 时，显然在式（5-12）取等号时，式（5-10）的目标函数取到最大值。因此，最优增值分配比例为：

$$\alpha^*=\frac{C(\varepsilon=1)}{p_1V_1+(1-p_1)V_2} \tag{5-14}$$

2. “固定价格 + 激励费用”合同下项目增值分配模型

根据第4章内容，在“固定价格 + 激励费用”合同模型下，存在两种形式。

（1）FPIF 形式。即合同价格为固定价格加上一笔“激励费用”，其中的激励费用的计算方法与目标成本合同下类似，但区别在于：在成本节约时，总承包商获得的总的支付是固定的，而在成本超支的情况下，总承包商承担一定比例的超支成本。由此，承包商付出正努力的期望效用为：

$$EU_C=p_1V_1+\alpha(1-p_1)V_2-C(\varepsilon=1) \tag{5-15}$$

业主方的效用为：

$$EU_O=(1-\alpha)(1-p_1)V_2 \tag{5-16}$$

根据委托—代理理论，项目增值分配模型为：

$$\text{Max}EU_O=(1-\alpha)(1-p_1)V_2 \tag{5-17}$$

$$s.t.\begin{cases} p_1V_1+\alpha(1-p_1)V_2-C(\varepsilon=1)\geqslant p_0V_1+\alpha(1-p_0)V_2 & (5\text{-}18) \\ p_1V_1+\alpha(1-p_1)V_2-C(\varepsilon=1)\geqslant 0 & (5\text{-}19) \end{cases}$$

由于 $p_1>p_0$，$V_2<0$，因此由式（5-18）、式（5-19）分别可以得到：

$$\alpha\leqslant\frac{(p_1-p_0)V_1-C(\varepsilon=1)}{(p_1-p_0)V_2}=\alpha_1 \tag{5-20}$$

$$\alpha\leqslant\frac{C(\varepsilon=1)-p_1V_1}{(1-p_1)V_2}=\alpha_2 \tag{5-21}$$

则最优增值分配比例为：

$$\alpha^*=\text{Min}\{\alpha_1,\alpha_2\} \tag{5-22}$$

当 $\alpha_1\leqslant\alpha_2$，即 $\frac{V_1}{C(\varepsilon=1)}\geqslant\frac{1-p_0}{p_1-p_0}$ 时，$\alpha^*=\alpha_1$，反之，则 $\alpha^*=\alpha_2$。

（2）TC-FPIF 形式。即基于目标成本的总价加激励费用合同，相对更复杂。

假设在该合同形式下，项目增值有三种情况：一是项目增值为正，即实际成本低于目标成本，第二种情况是项目增值为负（实际成本高于目标成本），但实际成本低于 C_{PTA}，第三种情况是实际成本高于 C_{PTA}。设处于第一、第二种状态时的项目增值分别为 V_1、V_2，并设总承包商付出不同努力时项目增值处于上述三种状态的概率分布见表 5-1。

承包商不同努力程度下项目增值分布概率表 表 5-1

Probability distribution of project value-added under different contractor effort Table 5-1

	付出正努力	付出零努力
实际成本低于目标成本	P_{11}	P_{01}
实际成本高于目标成本但低于 C_{PTA}	P_{12}	P_{02}
实际成本高于 C_{PTA}	P_{13}	P_{03}
Σ	1	1

承包商付出正努力时的效用可表达为：

$$EU_C=\alpha(p_{11}V_1+p_{12}V_2)+p_{13}(\overline{P}-C_{A3}-\Pi_T)-C(\varepsilon=1) \tag{5-23}$$

业主方的效用为：

$$EU_O=(1-\alpha)(p_{11}V_1+p_{12}V_2) \tag{5-24}$$

根据委托—代理理论，项目增值分配模型为：

$$\text{Max}EU_O=(1-\alpha)(p_{11}V_1+p_{12}V_2) \tag{5-25}$$

$$
s.t.\begin{cases}
\alpha(p_{11}V_1+p_{12}V_2)+p_{13}(\overline{P}-C_{A3}-\Pi_T)-C(\varepsilon=1) \\
\geqslant\alpha(p_{01}V_1+p_{02}V_2)+p_{03}(\overline{P}-C_{A3}-\Pi_T) & (5\text{-}26) \\
\alpha(p_{11}V_1+p_{12}V_2)+p_{13}(\overline{P}-C_{A3}-\Pi_T)-C(\varepsilon=1)\geqslant 0 & (5\text{-}27) \\
\overline{P}=(C_{PTA}-C_T)(1-\alpha)+C_T+\Pi_T & (5\text{-}28) \\
p_{11}+p_{12}+p_{13}=1 & (5\text{-}29) \\
p_{01}+p_{02}+p_{03}=1 & (5\text{-}30)
\end{cases}
$$

令上述两约束条件分别取等号，得：

$$\alpha_1=\frac{\Delta p_3(C_{A3}-C_{PTA})+C(\varepsilon=1)}{\Delta p_1V_1+\Delta p_2V_2-\Delta p_3(C_{PTA}-C_T)} \quad (5\text{-}31)$$

$$\alpha_2=\frac{p_{13}(C_{A3}-C_{PTA})+C(\varepsilon=1)}{p_{11}V_1+p_{12}V_2-p_{13}(C_{PTA}-C_T)} \quad (5\text{-}32)$$

于是，最优增值分配比例为：

$$\alpha^*=\mathrm{Max}\{\alpha_1,\alpha_2\} \quad (5\text{-}33)$$

3. 基于单价的激励合同下项目增值分配模型

基于单价的激励合同下，项目增值的分配模型整体而言在形式上与目标成本合同相似，只是项目增值 V_1、V_2 的计算方式不同。在这种合同下，仅需考虑那些工程量不确定的子项工程，对工程量不确定的子项工程 i，假设总承包商所报工程量清单单价为 u_i，子项工程的清单工程量为 Q_{iB}，实际工程量为 Q_{iA}，则项目增值为：$V_i=u_i(Q_{iB}-Q_{iA})=u_iQ_{iB}-u_iQ_{iA}$，其中，$u_iQ_{iB}$ 可视为目标成本，u_iQ_{iA} 可视为实际成本。对不同的工程任务计算方法一致，所以可考虑最重要的那项任务来确定最优增值分配比例。

4. 算例

（1）目标成本合同下的项目增值分配比例算例。某水利水电工程总承包项目，业主方和总承包商签订目标成本合同，假设确定目标成本 C_T=1000 万元，目标利润为目标成本的 10%，即 Π_T=100 万元。项目增值存在两种状态：①项目增值为 100 万元，表示实际成本节约了 100 万，即实际成本为 900 万元；②项目增值为－100 万元，即实际成本为 1100 万元，超支 100 万元。主要参数取值见表 5-2。

相关参数取值及计算 表 5-2

Value and calculation of related parameter Table 5-2

C_T	V_1	V_2	p_1	p_0	$C(\varepsilon=1)$
1000	100	－100	0.7	0.2	10

根据上文分析，$V_0=p_0V_1+(1-p_0)V_2=-60<0$，故采用式（5-14）计算增值分配比例，即得：

$$\alpha^*=\frac{C(\varepsilon=1)}{p_1V_1+(1-p_1)V_2}=10/40=25\%$$

因此，在该项目条件下，最优的项目增值分配方案是业主方和总承包商按 75/25 进行分配。例如，当总承包商通过付出正努力（努力成本为 10 万元）进行优化设计而使成本节约产生项目增值时，总承包商的实际利润为：

100+（1000 － 900）×25% － 10=115 万元

再如，当总承包商选择付出零努力而发生成本超支时，其实际利润为：

100+（1000 － 1100）×25%=75 万元

（2）TC-FPIF 合同下项目增值分配比例算例。设上例中的水利水电工程总承包项目采用 TC-FPIF 合同，并设其最悲观成本为 C_{PTA}=1150 万元，项目增值除了上述两种状态外，还有第三种状态：项目增值为－ 180 万元，即实际成本为 1180 万元，总承包商付出不同努力时项目增值的概率分布见表 5-3。其他参数同上例。

总承包商不同努力程度下产生项目增值的概率分布 表 5-3

Probability distribution of project value-added under different contractor effort Table 5-3

	付出正努力	付出零努力
实际成本低于目标成本	0.7	0.2
实际成本高于目标成本，但低于 PTA	0.2	0.6
实际成本高于 PTA	0.1	0.2
Σ	1	1

由式（5-31）和式（5-32）分别得到：

$$\alpha_1=\frac{\Delta p_3(C_{A3}-C_{PAT})+C(\varepsilon=1)}{\Delta p_1V_1+\Delta p_2V_2-\Delta p_3(C_{PAT}-C_T)}=1/15=6.67\%$$

$$\alpha_2=\frac{p_{13}(C_{A3}-C_{PAT})+C(\varepsilon=1)}{p_{11}V_1+p_{12}V_2-p_{13}(C_{PAT}-C_T)}=64\%$$

由此得：$\alpha^*=\mathrm{Max}\left\{\alpha_1,\alpha_2\right\}$=64%

业主方能支付的最高限价$\overline{P}=(C_{PTA}-C_T)(1-\alpha)+C_T+\Pi_T$=1154 万元。

①当总承包商通过付出正努力（努力成本为 10 万元）进行优化设计而使成本节约时，总承包商的实际利润为：

100+（1000 － 900）×64% － 10=154 万元

②当总承包商付出零努力，实际成本为 1100 时，总承包商的实际利润为：

100+（1000 － 1100）×64%=36 万元

③当总承包商付出零努力，实际成本为 1150 时，总承包商的实际利润为：

100+（1000 － 1150）×64%=4 万元

④当总承包商付出零努力，实际成本为 1154 万元，即等于最高限价时，总承包商的实际利润为：

1154 － 1154=0

⑤当实际成本超过 1154 万元时，总承包商开始亏损。

5.2.3 连续型情况下增值分配比例的分析

1. 连续情况下的委托—代理模型

一般情况下，努力程度 ε 和项目增值都是连续的，不同的努力程度可能获得不同的项目增值。本书借鉴文献［7］和文献［8］的分析方法，以目标成本合同为例，对连续型情况下中项目增值分配比例进行分析。首先，结合典型水利水电工程的特点，作如下假设：

（1）假设总承包商的努力程度为 ε，简单起见，设 ε 为一维变量，不妨假定 $\varepsilon \in (0,\ 1)$，即努力程度可用 0 到 1 之间的一个实数来表示，表示占最大可能的努力程度的比例。由于信息不完全，ε 不能直接观察。

（2）由于处在风险环境中，项目的成本节约增值不仅与总承包商的努力程度有关，还将受到项目内外部环境的各种不确定因素的影响，因此设总承包商通过优化工程降低成本所得到的增值 $V=V(\varepsilon, \tau)=\Delta C(\varepsilon)+\tau$，其中 τ 为不受业主方和总承包商双方控制的外生随机变量，其满足均值为 0、方差为 σ^2 的正态分布。$\Delta C(\varepsilon)$ 表示总承包商努力程度为 ε 时对应的成本节约，其满足如下条件：

① $\Delta C'(\varepsilon) > 0$，$\Delta C''(\varepsilon) < 0$，即成本节约是总承包商努力的递增函数，但边际效果递减；

② $\lim\limits_{\varepsilon \to 1} \Delta C(\varepsilon) = \Delta C_{\max}$，当总承包商努力程度最大时，成本节约达到最大值，即潜在的总承包增值全部实现，设潜在的总承包增值为 $\overline{V}$，则 $\overline{V} = \Delta C_{\max}$。

为方便分析，假设：

$$\Delta C(\varepsilon) = \Delta C_{\max} - \lambda_e (1-\varepsilon)^2 = \overline{V} - \lambda_e (1-\varepsilon)^2 \tag{5-34}$$

式(5-34)中，λ_e 表示总承包商为节约成本所作努力的效果系数。对式(5-34)进行变换，可得：

$$\begin{aligned}\Delta C(\varepsilon) &= \Delta C_{\max} - \lambda_e(1-\varepsilon)^2 \\ &= \Delta C_{\max}[1-\frac{\lambda_e}{\Delta C_{\max}}(1-\varepsilon)^2] \\ &= \overline{V}[1-\lambda_e(1-\varepsilon)^2/\overline{V}]\end{aligned} \tag{5-35}$$

记 $\gamma=1-\lambda_e(1-\varepsilon)^2/\overline{V}$，其表示潜在总承包增值实现程度。显然，$\gamma=0$ 时，表示该总承包项目和传统 DBB 项目一样，没有进行任何设计优化工作，因而没有实现项目增值；而 $\gamma=1$ 时，则表示潜在增值全部实现。

基于上述条件可知，$\Delta C(\varepsilon)=\gamma\Delta C_{\max}=\gamma\overline{V}$ 满足均值为 $\gamma\Delta C_{\max}$、方差为 σ^2 的正态分布。

（3）设总承包商优化工程所付出努力的成本函数为 $C(\varepsilon)$，则其满足：$C'(\varepsilon)>0$，$C''(\varepsilon)>0$，即努力成本是努力程度的递增函数，且边际努力成本递增。不妨假设：

$$C(\varepsilon)=\lambda_c\varepsilon^2 \tag{5-36}$$

式（5-36）中，λ_c 表示总承包商为节约成本所作努力的成本系数。

（4）设业主方与总承包商的绝对风险厌恶度均为常数，分别为 k_O 和 k_C。

在上述假设的基础之上，考虑某水利水电工程采用目标成本合同，则业主方的期望效用函数可表达为：

$$EU_O=U_O((1-\alpha)V)=U_O((1-\alpha)[\overline{V}-\lambda_e(1-\varepsilon)^2]) \tag{5-37}$$

总承包商的期望效用可表达为：

$$EU_C=U_C(\alpha V-C(\varepsilon)) \tag{5-38}$$

根据确定性等值法，可以通过效用函数的“确定性等价值”[9] 来反映其效用。当 $u(x)$ 为决策者效用函数时，对随机的行动结果 X，其确定性等价值的定义为：

$$EV=u^{-1}(E[u(x)])=E(X)-K(X) \tag{5-39}$$

可以证明：

$$K(X)\approx\frac{D(X)}{2}\left(-\frac{u''(E[X])}{u'([X])}\right)=\frac{1}{2}D(X)r(x) \tag{5-40}$$

其中 $E(X)$ 为随机结果 X 的期望值，$D(X)$ 为随机结果 X 的方差，$r(x)$ 为绝对风险度。

由此，当随机结果满足正态分布 $N(\mu,\sigma^2)$ 时，可通过式（5-41）的确定性等价值来反映相应的效用函数：

$$EV=\mu-\frac{1}{2}r(x)\sigma^2 \tag{5-41}$$

根据式（5-41），式（5-37）和式（5-38）中业主方和承包方的效用函数的确定性等价值分别为：

$$EV_{\mathrm{O}}=(1-\alpha)[\overline{V}-\lambda_{\mathrm{e}}(1-\varepsilon)^2]-\frac{(1-\alpha)^2\sigma^2k_{\mathrm{O}}}{2} \tag{5-42}$$

$$EV_{\mathrm{C}}=\alpha[\overline{V}-\lambda_{\mathrm{e}}(1-\varepsilon)^2]-\frac{\alpha^2\sigma^2k_{\mathrm{C}}}{2}-\lambda_{\mathrm{c}}\varepsilon^2 \tag{5-43}$$

此处要讨论的是如何确定增值分配比例 α，以使业主方和总承包商的效用均能最大化，也即使它们的确定性等价值最大化。

对式（5-42）求一阶导数得：

$$EV_{\mathrm{C}}'=2\alpha\lambda_{\mathrm{e}}-2\alpha\lambda_{\mathrm{e}}\varepsilon-2\lambda_{\mathrm{e}}\varepsilon \tag{5-44}$$

求二阶导数得：

$$EV_{\mathrm{C}}''=-2\alpha\lambda_{\mathrm{e}}-2\lambda_{\mathrm{e}}<0 \tag{5-45}$$

令 $EV_{\mathrm{C}}'=2\alpha\lambda_{\mathrm{e}}-2\alpha\lambda_{\mathrm{e}}\varepsilon-2\lambda_{\mathrm{e}}\varepsilon=0$，得：

$$\varepsilon=\frac{\alpha\lambda_{\mathrm{e}}}{\alpha\lambda_{\mathrm{e}}+\lambda_{\mathrm{c}}}=\frac{\alpha}{\alpha+\frac{\lambda_{\mathrm{c}}}{\lambda_{\mathrm{e}}}} \tag{5-46}$$

因此，项目增值最优分配的委托—代理模型可表述为：

$$\mathrm{Max}EV_{\mathrm{O}}=(1-\alpha)[\overline{V}-\lambda_{\mathrm{e}}(1-\varepsilon)^2]-\frac{(1-\alpha)^2\sigma^2k_{\mathrm{O}}}{2} \tag{5-47}$$

$$s.t.\begin{cases}EV_{\mathrm{C}}=\alpha[\overline{V}-\lambda_{\mathrm{e}}(1-\varepsilon)^2]-\dfrac{\alpha^2\sigma^2k_{\mathrm{C}}}{2}-\lambda_{\mathrm{c}}\varepsilon^2\geqslant 0 & (5\text{-}48)\\ \varepsilon=\dfrac{\alpha}{\alpha+\dfrac{\lambda_{\mathrm{c}}}{\lambda_{\mathrm{e}}}} & (5\text{-}49)\end{cases}$$

其中，式（5-48）为参与约束，式（5-49）为激励相容约束。

2. 总承包商努力程度的分析

根据激励相容约束，总承包商的努力程度取决于三方面的因素：

（1）总承包商为实现项目增值付出努力所产生的效果是否显著，即努力的效果系数 λ_{e} 的大小，如果效果显著，即 λ_{e} 较大，则总承包商的努力程度会提高。

（2）总承包商为实现项目增值付出努力所对应的努力成本的高低，即努力的成本系数 λ_{c} 的大小，如果努力成本较高，即 λ_{c} 较大，则总承包商的努力程度会降低。

（3）总承包商能在何种程度上分享其付出努力所产生增值，即增值分配比例 α 的大小，如果分享比例较高，即 α 较大，则总承包商的努力程度会提高。

假设 $\lambda_c/\lambda_e=1$，此时有：

$$\varepsilon=\frac{\alpha}{\alpha+1} \tag{5-50}$$

即总承包商的最优努力程度完全取决于增值分配比例。值得注意的是，当 $\lambda_c/\lambda_e=1$，可以得到：

$$\frac{\mathrm{d}\Delta C(\varepsilon)}{\mathrm{d}\varepsilon}\Big/\frac{\mathrm{d}C(\varepsilon)}{\mathrm{d}\varepsilon}=\frac{2\lambda_e(1-\varepsilon)}{2\lambda_c\varepsilon}=\frac{1-\varepsilon}{\varepsilon} \tag{5-51}$$

式(5-51)表示:总承包商努力的边际效果与边际代价之比等于"懒惰程度"与"努力程度"之比，这在一定程度上反映了"努力的边际效果递减、边际代价递增"这一原理。

在目标成本合同下，由于 $\alpha\in(0,1)$，故 $\lambda_c/\lambda_e=1$ 时，由式（5-51）得 $0<\varepsilon<1/2$，即从理论上说，在上文假设条件下，总承包商为降低成本优化工程所付出的努力程度不会超过 50%。

3. 增值分配比例的分析

首先分别从某一方的角度来分析，得到对某一方来说最优的增值分配比例。

仅从总承包商的角度看，根据式（5-48）可知，当 α 取以下值时，总承包商的效用函数的确定性等价值 EV_C 取到最大值：

$$\alpha=\frac{\lambda_c}{\lambda_e}\frac{\varepsilon}{1-\varepsilon}=\frac{\mathrm{d}C(\varepsilon)}{\mathrm{d}\varepsilon}\Big/\frac{\mathrm{d}\Delta C(\varepsilon)}{\mathrm{d}\varepsilon} \tag{5-52}$$

由式（5-52）可知，单纯从总承包商角度看，其最优增值分配比例等于努力的边际代价与边际效果之比。式（5-52）可重写为：

$$\alpha\frac{\mathrm{d}\Delta C(\varepsilon)}{\mathrm{d}\varepsilon}=\frac{\mathrm{d}C(\varepsilon)}{\mathrm{d}\varepsilon} \tag{5-53}$$

式（5-53）左边可看成总承包商的边际报酬，右边是总承包商付出努力的边际成本。由于总承包商的边际代价递增，而边际报酬递减，因此当边际代价与边际报酬相等时，总承包商不再付出更多努力，此时对应的增值分配比例即为总承包商的最优增值分配比例。

因此，当总承包商努力的边际代价较高或边际效果较差时，总承包商应当获得较大的项目增值分配。即增值分配比例 α 较大，以激励总承包商付出努力优化工程、节约成本。

仅从业主方的角度看，当总承包商努力程度确定的情况下，对式（5-40）求一阶导数并令其等于零可得，当 α 取以下值时，业主方的效用函数的确定性等价值 EV_O 取到最大值：

$$\alpha = 1 - \frac{\overline{V} - \lambda_e(1-\varepsilon)^2}{\sigma^2 K_O} = 1 - \frac{V}{\sigma^2 K_O} \tag{5-54}$$

此时，对业主方而言，最优增值分配比例的决定性因素包括：

（1）工程成本超支风险程度的大小，用工程成本方差 σ^2 表示。显然，项目成本超支风险越大，增值分配比例 α 越大。

（2）业主方的风险厌恶度 K_O。K_O 越大，增值分配比例 α 越大。表示业主方的风险承受能力差时，其愿意承担的风险份额（负增值）越小，因而倾向于让总承包商获得更大的增值分配额。

然而在实际水利水电工程总承包项目中，业主方和总承包商均以追求自身利益最大化为目标，因此需要经过谈判达成一个对双方而言均实现效用最大化（严格来说是相对最大化）的增值分配比例。即需要求出式（5-47）～（5-49）所表达的模型的最优解。

将式（5-49）代入式（5-47）和式（5-48），模型变化为：

$$\mathrm{Max}EV_O = (1-\alpha)[\overline{V} - \lambda_e(1 - \frac{\alpha}{\alpha + \frac{\lambda_c}{\lambda_e}})^2] - \frac{(1-\alpha)^2\sigma^2 k_O}{2} \tag{5-55}$$

$$\text{s.t.} \quad EV_C = \alpha[\overline{V} - \lambda_e(1 - \frac{\alpha}{\alpha + \frac{\lambda_c}{\lambda_e}})^2] - \frac{\alpha^2\sigma^2 k_C}{2} - \lambda_c(\frac{\alpha}{\alpha + \frac{\lambda_c}{\lambda_e}})^2 \geqslant 0 \tag{5-56}$$

由式（5-56）得：

$$\alpha[\overline{V} - \lambda_e(1 - \frac{\alpha}{\alpha + \frac{\lambda_c}{\lambda_e}})^2] \geqslant \frac{\alpha^2\sigma^2 k_C}{2} - \lambda_c(\frac{\alpha}{\alpha + \frac{\lambda_c}{\lambda_e}})^2 \tag{5-57}$$

将式（5-57）代入式（5-55），有：

$$\begin{aligned} \mathrm{Max}EV_O &= (1-\alpha)[\overline{V} - \lambda_e(1 - \frac{\alpha}{\alpha + \frac{\lambda_c}{\lambda_e}})^2] - \frac{(1-\alpha)^2\sigma^2 k_O}{2} \\ &= [\overline{V} - \lambda_e(1 - \frac{\alpha}{\alpha + \frac{\lambda_c}{\lambda_e}})^2] - \alpha[\overline{V} - \lambda_e(1 - \frac{\alpha}{\alpha + \frac{\lambda_c}{\lambda_e}})^2] - \frac{(1-\alpha)^2\sigma^2 k_O}{2} \\ &\leqslant [\overline{V} - \lambda_e(1 - \frac{\alpha}{\alpha + \frac{\lambda_c}{\lambda_e}})^2] - [\frac{\alpha^2\sigma^2 k_C}{2} - \lambda_c(\frac{\alpha}{\alpha + \frac{\lambda_c}{\lambda_e}})^2] - \frac{(1-\alpha)^2\sigma^2 k_O}{2} \end{aligned} \tag{5-58}$$

由此，问题转化为求解下式的最大值：

$$\mathrm{Max}EV_{\mathrm{O}}=\underset{\alpha}{\mathrm{Max}}\left\{[\overline{V}-\lambda_{\mathrm{e}}(1-\frac{\alpha}{\alpha+\frac{\lambda_{\mathrm{c}}}{\lambda_{\mathrm{e}}}})^2]-[\frac{\alpha^2\sigma^2k_{\mathrm{C}}}{2}-\lambda_{\mathrm{c}}(\frac{\alpha}{\alpha+\frac{\lambda_{\mathrm{c}}}{\lambda_{\mathrm{e}}}})^2]-\frac{(1-\alpha)^2\sigma^2k_{\mathrm{O}}}{2}\right\} \quad (5\text{-}59)$$

对$EV_{\mathrm{O}}=[\overline{V}-\lambda_{\mathrm{e}}(1-\frac{\alpha}{\alpha+\frac{\lambda_{\mathrm{c}}}{\lambda_{\mathrm{e}}}})^2]-[\frac{\alpha^2\sigma^2k_{\mathrm{C}}}{2}-\lambda_{\mathrm{c}}(\frac{\alpha}{\alpha+\frac{\lambda_{\mathrm{c}}}{\lambda_{\mathrm{e}}}})^2]-\frac{(1-\alpha)^2\sigma^2k_{\mathrm{O}}}{2}$求导，得：

$$EV_{\mathrm{O}}'=\frac{2\lambda_{\mathrm{e}}\theta}{(\alpha+\theta)^2}-\frac{2(\lambda_{\mathrm{e}}+\lambda_{\mathrm{c}})\theta\alpha}{(\alpha+\theta)^2}-[(k_{\mathrm{C}}+k_{\mathrm{O}})\alpha-k_{\mathrm{O}}]\sigma^2 \quad (5\text{-}60)$$

其中$\theta=\frac{\lambda_{\mathrm{c}}}{\lambda_{\mathrm{e}}}$。

令 $EV_{\mathrm{O}}'=0$，得：

$$[(k_{\mathrm{C}}+k_{\mathrm{O}})\alpha-k_{\mathrm{O}}]\sigma^2=\frac{2\lambda_{\mathrm{e}}\theta}{(\alpha+\theta)^2}-\frac{2(\lambda_{\mathrm{e}}+\lambda_{\mathrm{c}})\theta\alpha}{(\alpha+\theta)^3} \quad (5\text{-}61)$$

为方便讨论式中增值分配比例 α 与其他参数之间的具体关系，再作如下简化：

设 $k_{\mathrm{C}}+k_{\mathrm{O}}=1$，并设 $\varphi=\frac{k_{\mathrm{O}}}{k_{\mathrm{C}}+k_{\mathrm{O}}}$，$\varphi$ 表示业主方相对于总承包商的相对风险厌恶度。显然，φ 越大，业主方相对于总承包商而言风险承受能力越大；

设 $\lambda_{\mathrm{e}}=1$，则 $\theta=\frac{\lambda_{\mathrm{c}}}{\lambda_{\mathrm{e}}}$表示总承包商的相对于努力效果系数的相对努力成本系数。显然，θ 越大，表示总承包商获得同样的努力效果所需要付出的成本也越高。

简化之后可得，最优增值分配比例为式（5-62）的解：

$$(\alpha-\varphi)(\alpha+\theta)^3\sigma^2-2\theta^2(1-\alpha)=0 \quad (5\text{-}62)$$

在上式中，两边分别对 φ、θ 和 σ^2 求导，得：

$$\frac{\partial\alpha}{\partial\varphi}=\frac{(\alpha+\theta)^3\sigma^2}{(\alpha+\theta)^3\sigma^2+3(\alpha-\varphi)(\alpha+\theta)^3\sigma^2+2\theta^2} \quad (5\text{-}63)$$

$$\frac{\partial\alpha}{\partial\theta}=\frac{4\theta(1-\alpha)+3(\alpha-\varphi)(\alpha+\theta)^2\sigma^2}{(\alpha+\theta)^3\sigma^2+3(\alpha-\varphi)(\alpha+\theta)^3\sigma^2+2\theta^2} \quad (5\text{-}64)$$

$$\frac{\partial\alpha}{\partial\sigma^2}=\frac{-(\alpha-\varphi)(\alpha+\theta)^3}{(\alpha+\theta)^3\sigma^2+3(\alpha-\varphi)(\alpha+\theta)^3\sigma^2+2\theta^2} \quad (5\text{-}65)$$

由式（5-62）得：

$$\alpha-\varphi=\frac{2\theta^2(1-\alpha)}{(\alpha+\theta)^3\sigma^2}>0 \tag{5-66}$$

结合式（5-63）～（5-66），可得：

$$\frac{\partial\alpha}{\partial\varphi}\geqslant 0,\ \frac{\partial\alpha}{\partial\theta}\geqslant 0,\ \frac{\partial\alpha}{\partial\sigma^2}\leqslant 0 \tag{5-67}$$

令 $\theta=\frac{\lambda_c}{\lambda_e}=1$，则有：

$$(\alpha-\varphi)(\alpha+1)^3\sigma^2-2(1-\alpha)=0 \tag{5-68}$$

对其进行模拟，如图 5-1 和图 5-2 所示。图 5-1 中，纵轴为 α，横轴为 σ^2，φ 值越大的曲线越在上方。

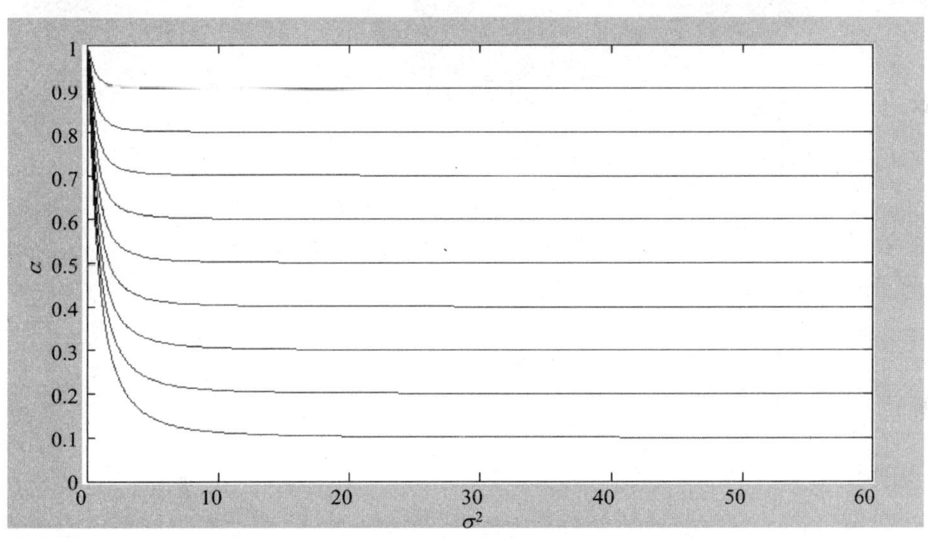

图 5-1　α 与 φ 和 σ^2 的关系图（a）

Fig.5-1　Relationship of α with φ and σ^2(a)

令 φ=0.5，则有：

$$(\alpha-1/2)(\alpha+\theta)^3\sigma^2-2\theta^2(1-\alpha)=0 \tag{5-69}$$

对其进行模拟，如图 5-3 和图 5-4 所示。在图 5-3 中，纵轴为 α，横轴为 σ^2，θ 值越大的曲线越在上方。

根据式（5-67）及图 5-1～图 5-4 容易看出，业主方相对于总承包商的相对风险厌恶度越大时，增值分配比例越大；总承包商的相对努力成本系数越大，增值分配比例也应越大；而成本超支风险越大，增值分配比例应该越小。

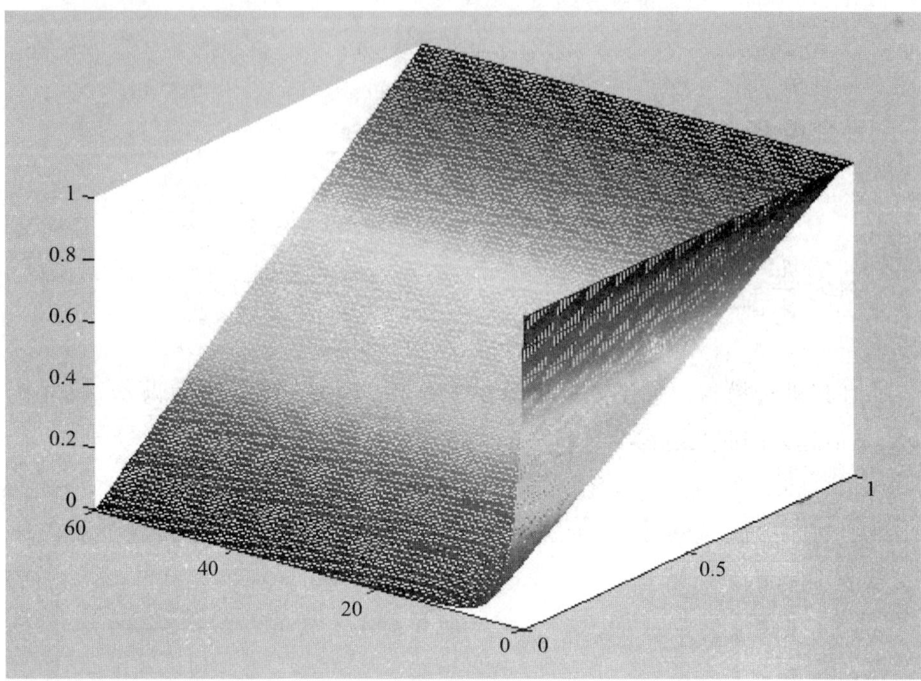

图 5-2 α 与 φ 和 σ^2 的关系图（b）
Fig.5-2 Relationship of α with φ and σ^2(b)

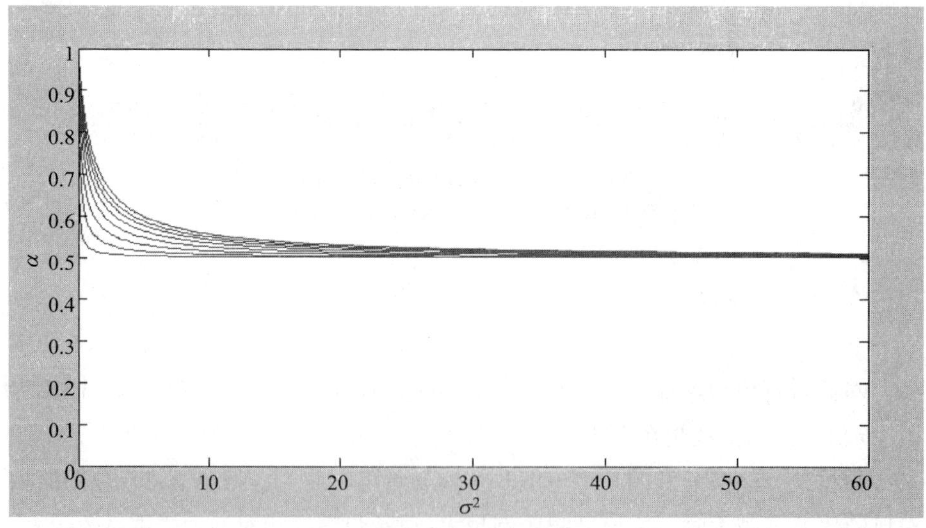

图 5-3 α 与 θ 和 σ^2 的关系图（a）
Fig.5-3 Relationship of α with θ and σ^2(a)

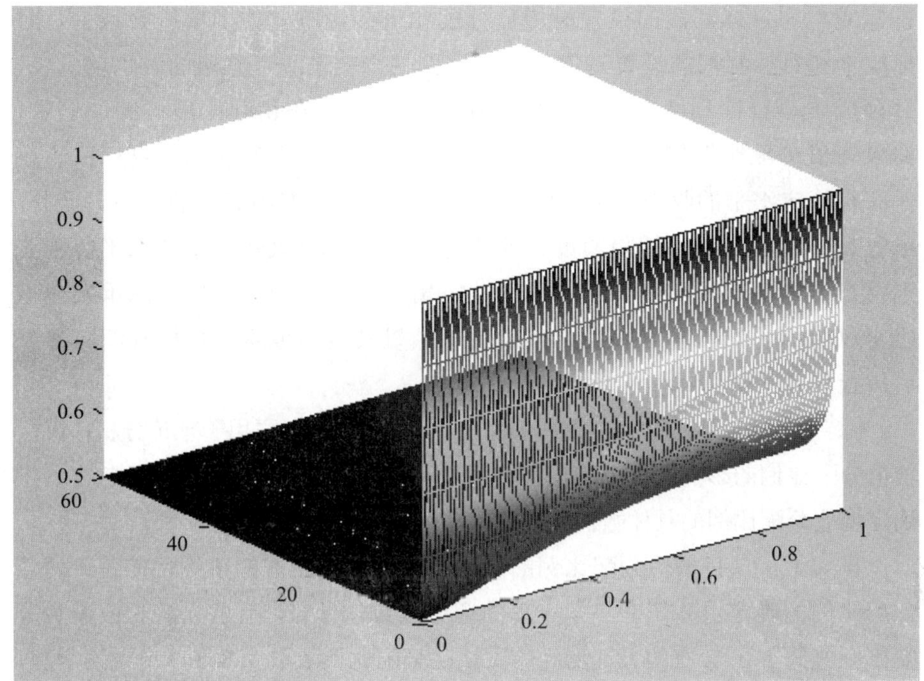

图 5-4 α 与 θ 和 σ^2 的关系图 (b)
Fig.5-4 Relationship of α with θ and σ^2(b)

5.3 实际水利水电工程总承包增值分配比例的讨论

根据上一节的分析可知，水利水电工程总承包增值分配比例受多种因素的影响，包括业主方与总承包商双方对风险的态度，总承包商优化工程付出努力的成本及相应的效果，项目成本超支风险等。从理论上分析，式（5-47）～（5-49）的模型可以确定增值分配比例，将合同双方风险厌恶度、承包商优化努力的成本系数等相关参数代入式（5-62），即可求解出具体的增值分配比例。

然而，在实际水利水电工程总承包交易中，要根据式（5-62）求解出相应的增值分配比例，存在几方面的问题。一方面，对模型中的一些参数，我们要获得其准确的数值本身存在较大的困难。如对风险厌恶度这一参数，即使是合同双方自身也较难给出其具体数值。另一方面，上文对增值分配比例的分析是在目标成本等参数合理确定的前提下进行的，因而没有考虑目标成本和目标利润的设置对增值分配比例的影响。而多项研究认为，目标成本和目标利润的设置对增值分配比例的影响是不可忽略的。也就是说，目标成本、目标利润、分配比例在确定过程中存在相互作用机制，例如，如果增值分配比例值过低，承包商会通过提高目标利润和降低目标成本确保获得一定水平的收益，从而降低承包商优化工程节约成本的动力。此外，承包商对长期利润的期望程度、业主方和承包商对风险的感知水平等因素也将影响增值分配比例的确定。因此，增值分配比例应综合考虑承发包双方对风险的感知水平、长期合作的愿望，以及目标成本、目标利润等参数后进行确定。

综合上述分析，式（5-47）～式（5-49）的模型主要用于理论分析，确定增值分配比例的影响因素及其相互关系，而在实际水利水电工程总承包交易中确定增值分配比例的具体数值还需要寻求可操作性更强的方法。

事实上，项目增值分配比例的确定是一件十分困难的事。目前关于增值分配比例的确定也并没有科学合理的证明或数学计算，有的人认为应避免分配比例值低于 0.5,有的人认为经验做法是分配比例值取 0.3 ～ 0.7 较为合理，也有人认为 0.5 的比例是比较公正的。研究表明，相对于传统的分配比例值固定不变，分配比例随成本节约或超支数额的改变而变动的做法已经越来越普遍。

但有一点是明确的，就是项目增值分配比例难以准确确定的原因在于信息不对称性。因此可考虑先由业主方在招标时根据其已有信息提出一个增值分配比例，在这个增值分配比例之下，承包方将作出相应的反应，根据自己的风险态度调整自身的报价策略。就目前来看，水利水电工程总承包的合同价一般是通过批准的初步设计概算下浮一定比例，即在招标时要求投标人报一个“下浮率”。因此，在确定采用目标成本合同后，业主方在招标时提出一个增值分配率，承包方据此提出一个“下浮率”，业主方通过评估不同投标人的“下浮率”进行选择。

随着现代技术（如 BIM）的发展应用，信息共享程度越来越高，合同双方之间的信息不对称性将降低，业主方将可以观察到承包方几乎所有成本信息，甚至整个全貌，从而使得目标成本等参数的确定更为准确。当信息不对称性越来越低，由于增值分配比例的确定是在给定总承包商努力所取得的效用最大化的约束下使业主方效用达到最大化的过程，因此理论上而言，最终通过谈判形成的增值分配比例将是最优的增值分配比例。

5.4 工程实例分析

以第 4 章的案例为例。在该工程中，如果采用基于单价的激励合同，关键的参数之一就是确定增值分配比例，而在这种合同计价方式下，增值分配比例就是针对总承包商的优化努力带来工程量节约的分配比例。

根据该工程的特点，在第 4 章案例分析的基础上，业主方可在招标前确定一个增值分配比例，如 50%，即当承包方通过工程优化节约了工程量时，节约的工程量在业主方和总承包商之间五五分成，总承包商分得的工程量乘以相应的单价，即为承包方优化努力的报酬。业主方在招标时将这一增值分配比例告知所有潜在投标人，投标人根据业主方给出的增值分配比例，作出相应的反应，提出一个自己的“下浮率”。业主方通过综合评估，选定合适的总承包商。

在总承包商确定后，如果“下浮率”需要根据批准的初步设计概算和预期初步概算之间差异的大小进行调整，则最终承发包双方就按“修正后的下浮率”和业主方招标时提出的增值分配比例进行结算。

5.5 本章小结

当具体水利水电工程总承包项目确定采用某种合同计价方式之后，业主方应就项目增值分配的具体方案进行设计并与承包方进行协商，其中的关键问题之一就是要确定一个合理的项目增值分配比例。

本章在分析承发包双方之间关系和目标差异的基础上，基于委托一代理理论和激励理论，针对离散情况和连续情况对水利水电工程总承包项目增值分配比例的确定进行了分析。在离散情况下，增值分配比例的计算结果比较明确；但是在连续情况下所得项目增值最优分配模型较为复杂，由此可看出项目增值分配比例与其影响因素之间的关系，适于理论分析，却难以应用于工程实际。本章最后对实际水利水电工程总承包交易中增值分配比例的确定进行了简要探讨，提出由业主方可在招标时确定一个分配比例，由潜在投标人做出相应反应，将其风险态度反映在投标报价之中。对于项目增值分配比例的估算，有必要开展进一步研究以寻找更简单、可操作性更强的合理方法。

本章参考文献

[1] 谢识予.经济博弈论:第三版 [M]. 上海:复旦大学出版社, 2007.

[2] Petersen T. The economics of organization: the principal–agent relationship [J]. Acta Sociologica, 1993, 36(3): 277–93.

[3] Ross S. The Economic Theory of Agency: The Principal' s Problem [J]. The American Economic Review, 1973, 63:134–139.

[4] Mirrlees J A. Note on Welfare Economics, Information and Uncertainty [C]. Essays on Economic Behavior under Uncertainty, Amsterdam: North Holland, 1974.

[5] Holmstrom B. Moral Hazard and Observability [J]. Bell Journal of Economics, 1979, 10: 74–91.

[6] Grossman S, Hart O. An analysis of the principal–agent problem [J]. Econometrics, 1983, 51:7–45.

[7] 陈小新.项目管理的经济学分析 [M]. 北京:中国经济出版社, 2006.

[8] 曹柬,杨春节,李平,等.不对称信息下供应链线性分成制契约设计研究 [J]. 管理科学学报, 2009, 12(2): 19–30.

[9] 文守逊,杨武,李传昭.信息不对称下的激励机制设计的研究 [J]. 重庆大学学报:社会科学版, 1999, 5(S1): 127–129.

第 6 章 水利水电工程总承包联合体收益共享机制

长期以来，我国水利水电工程建设设计、施工分开进行（传统DBB交易方式），同时具备水利水电工程设计和施工能力的企业非常少，往往是设计企业和施工企业组成联合体来承担水利水电工程总承包任务。联合体双方在合作的基础上分工协作，共担风险、共享收益。然而，联合体是一个较为松散的合作组织，联合体成员均是独立法人企业，都以盈利为目的。因此，总承包收益如何在联合体之间合理地分配是企业之间能否紧密合作的关键，关系到工程总承包优势能否得以充分发挥。本章首先分析水利水电工程总承包联合体的组成形式及联合体总承包形式的优越性，然后基于博弈理论分析水利水电工程总承包收益在联合体成员之间的分配机制。

6.1 水利水电工程总承包联合体的主要形式

水利水电工程总承包联合体（consortium/joint venture），是指由两个或两个以上工程企业通过签订协议进行联合，以一个投标人身份共同参与水利水电工程总承包项目投标，中标后凭借各自在设计、施工领域的优势，分别承担有关设计、施工等任务的联合体组织。目前，常见的联合体工程总承包模式有如下三种[1]：

1. 设计企业为主体的联合体DB模式

水利水电工程项目设计一般分为方案设计、初步设计和施工图设计，项目总承包范围可以从方案设计开始，也可以从初步设计或施工图设计开始。当总承包商从方案设计或初步设计开始承担总承包任务，即采用“方案设计—初步设计—施工图设计—施工”或“初步设计—施工图设计—施工”总承包模式时，项目全套方案设计或初步设计均由总承包商完成，总承包商设计灵活性大，设计比选方案多，通常由工程设计企业作为设计施工总承包联合体的主办方，对总承包项目进行全面统筹管理。设计方除了完成全部的设计工作外，还负责流动资金的投入，优化设计组织，与业主方的日常沟通与协调、联合体成员管理、总成本控制等总承包管理工作。因此工程设计企业必须具备一定的项目总承包管理能力和较强的资金实力。工程设计企业将从总承包全局出发，全面进行优化设计，同时也采取适当的激励措施，使得工程施工企业最大力度参与优化设计，创造更多的收益。工程施工企业对项目的施工工作负全责，并参与优化设计工作。

2. 施工企业为主体的联合体DB模式

当工程总承包任务从施工图设计开始，即采用“施工图设计—施工”总承包模式时，总承包商只需完成施工图设计部分，设计灵活性不大，对造价的影响相对较小。由于国内工程设计企业资金实力、总承包管理能力普遍不足，通常由工程施工企业作为设计施工总承包联合体的主办方，对总承包项目进行全面统筹管理，除了完成全部的施工任务外，还负责流动资金的投入，优化设计组织，与业主方的日常沟通与协调、联合体成员管理、总成本控制等总承包管理工作。为了提升工程总承包收益，也需采取合适的激励措施，调动工程设计企业进行优化的积极性。工程设计企业对项目的设计工作负全责，并参与优化设计工作。

3. 设计企业为主体的联合体 EPC 模式

EPC 工程项目多集中在电站、石油化工、交通工程等领域。该类工程项目中，工程设计任务相对设备供应及施工要重要得多，需要施工设备供应方与设计方密切配合，因此大都以设计为主导。该模式涉及工程项目的设计、设备采购和施工，整个项目的规模较大，由设计、采购、施工三家组成联合体实施，通常以设计方为主导，而联合体成员之间相互协调配合与利益关系处理将直接影响工程总承包的效果。工程设计企业必须具备较强的总承包项目管理能力和资金实力。工程施工企业、设备采购企业分别对项目的施工工作、采购工作负全责，并参与优化设计工作。

6.2 水利水电工程联合体总承包的优越性

水利水电工程联合体总承包模式是联合体在项目总承包模式中的运用，兼具联合体和项目总承包二者特点，其优越性主要表现在以下几个方面：

（1）优势互补，增强承包实力

由设计、施工、采购等企业组成的项目总承包联合体，可以实现专业互补，满足招标资质要求，在资金实力、专业技术、管理水平和信誉等方面形成集体优势，有利于项目中标。通过总承包项目的实施可相互学习先进的管理方法与经验，提高企业行业知名度，建立广泛的工程项目合作关系。

（2）减少交易环节，降低交易成本

传统的 DBB 方式下，工程建设项目参与主体多，项目业主通过招标选择设计、施工、监理、采购等单位，招标次数多，且需要一个庞大的管理团队来协调各方的关系。项目联合体总承包模式下，通过对设计、施工、采购等实施全过程或若干阶段的发包，项目业主招标次数减少，业主只与总承包联合体主办方进行沟通协调，因而减少了多次招标选择承包商所发生的信息搜寻、合同谈判成本，同时降低了协调成本。

（3）优化设计，降低工程造价

设计、施工、采购实现衔接与配合，在设计阶段施工、采购就提前介入，充分考虑设计方案的实用性、经济性、施工性，精心比选、优化设计方案，做到“技术可靠、经济合理、施工可行”。在施工阶段，设计、施工人员共同探讨施工工艺和施工方案，解决技术问题，在实施合理的设计变更，并且派专门的设计人员在施工现场指导施工，避免变更不及时造成的费用增加，提高了劳动效率，降低了施工成本。设计人员全程参与项目的采购工作，各种材料、设备的采购和进场时间得到统筹安排。通过优化设计管理，优化配置资源，降低工程造价。

（4）设计施工搭接，缩短建设工期

总承包建设工期的缩短主要体现在方案设计与施工图设计的搭接、设计阶段与施工阶段的搭接。在联合体项目总承包模式下，设计与施工的结合，由总承包联合体统一组织实施，在方案设计完成一部分以后，就可以开始项目基础工程的施工图设计工作；项目基础工程施工图完成后，就可以开始基础工程施工，其他部分工程内容可以在施工图设计完成一部分就开工，实现了边设计边施工，极大地缩短了项目工期。

（5）责任共担，分散项目风险

总承包联合体是以联合体协议为基础联结在一起的合伙关系，按照协议约定分享权利、承担义务，共同对总承包项目向招标人承担连带责任，项目实施风险由联合体成员根据承担的工作进行分摊。对于项目业主，一旦出现需由项目联合体承担的责任问题，他可以选择联合体成员任何一方或多方承担部分或全部责任，降低了履约过程中的违约索赔风险。

6.3 水利水电工程总承包联合体收益共享分配

工程总承包的最大优势是工程设计施工一体化和承包责任主体单一，具有能降低工程成本、改善设计的可建造性和缩短工期等优点，因而广受工程界欢迎和学术界的关注[2,3]。在我国通常是工程设计企业和施工企业组成联合体来承担工程总承包任务。设计企业和施工企业组成的联合体是一个较为松散的合作组织，如何调动双方的积极性，对发挥工程总承包优势至关重要。而这其中，项目收益分配又是双方能否紧密合作、潜能能否得以充分发挥的关键[4]。

收益是经济学研究的核心问题，也是经济活动中利益主体力图追求的目标。收益在经济学中多指经营利润或经济利益，表示在一定时期内，某一经营主体新创造的财富。联合体总承包项目收益分配是指总承包项目收益在联合体成员间的分配。联合体工程总承包项目收益可由两部分组成，一部分为固定收益，即正常情况下双方各自的收益；另一部分为优化工程所获得的收益。对于固定收益的分配可按双方约定进行，较为简单，本书不作重点研究，而主要研究双方优化工程设计所带来收益的分配问题。

6.3.1 水利水电工程总承包联合体项目收益分配模型

联合体工程总承包收益分配问题与企业动态联盟及供应链上下游企业间的合作有相似之处，均是两个或两个以上企业合作与收益分配问题。就企业动态联盟及供应链收益分配问题的研究，Chauhan 等 [5] 基于收益共享的观点提出了供应链中供应商与零售商二级供应链系统的收益分配模型。Long 等 [6] 通过分析指出参与方对联盟的依赖性是影响收益分配的重要因素，并基于 DEA 方法建立了联盟企业利益分配机制。王安宇等 [7] 基于关系契约研究了研发联盟企业间一次性合作及重复合作收益分配问题。赵晓丽等 [8] 利用 Shapley 值法建立了基于合作贡献和风险补偿原则的煤电企业供应链合作收益的分配模型。范德成等 [9] 除考虑资源投入、风险大小因素外，还进一步考虑了技术创新激励因素，并基于 Shapley 值法建立了造船企业供应链收益分配方法。温修春等 [10] 从“对称互惠共生”的视角，按照生产要素贡献分配利益的原则，采用柯布—道格拉斯生产函数，从劳动、土地和资本贡献率三个方面入手建立了我国农村土地间接流转供应链联盟利益分配模型。孙宝凤等 [11] 利用委托代理理论分别建立了信息对称和信息不对称情况下星形整车物流联盟收益分配模型。Shang[12] 基于 Rubinstein 讨价还价博弈理论探讨了合同能源管理公司与客户间合作收益分配问题。Fan 等 [13] 基于合作博弈理论及 Shapley 值，从收益风险对等、互利共生、效益结构优化等方面建立了钢铁生产商、贸易公司及销售商间合作收益分配模型。

企业动态联盟和供应链间收益分配方面的研究成果为联合体工程总承包收益分配问题的研究提供了很好的借鉴。然而，由于联合体工程总承包合同的不完备性，以及工程项目的一次性等特点，使得工程总承包联合体收益分配问题需要做专门研究。Parrod 等 [14] 通过研究指出合理的收益分配机制是参与工程总承包企业联盟合作的基础和关键。管百海等 [15, 16] 以合约理论和博弈思想为基础，基于双方的知识贡献率，研究了联合体工程总承包商的收益分配问题，并在此基础上利用触发策略进一步分析了重复合作联合体工程总承包商间利益分配的问题。张云等[17]基于收益共享理论和Stackelberg博弈求解方法，建立了工程总承包商与分包商之间收益分配的方法，并考虑联合体成员能力差异，分析了各方收益分配额的变化趋势及变化产生的原因。吕萍等[18]基于改进的Shapley值法建立了总承包商与分包商之间供应链利益分配模型。胡文发等[19]基于多阶段博弈理论构建了工程总承包商及分包商之间的利益分配及激励机制。

在借鉴上述相关成果研究思路的基础上，下文将构建相应的收益模型来分析水利水电工程联合体总承包项目收益分配问题。为便于分析，本章以固定总价合同为例。

1. 收益模型的建立

设水利水电工程联合体总承包项目的合同价格为 P，其由三部分组成：工程建设成本 p_1，固定收益 T 及工程优化收益 E。则有：

$$P=p_1+T+E \tag{6-1}$$

$$E=\eta E_{max} \tag{6-2}$$

式（6-2）中，E_{max} 为总承包项目通过工程优化能够实现的最大优化收益，E_{max} 越大说明总承包项目优化空间越大；η 表示工程优化实现程度，$0 \leqslant \eta \leqslant 1$，当 $\eta=0$ 时，表明没有进行工程优化，总承包项目工程优化收益为0；当 $\eta=1$ 时，表明总承包项目的工程优化程度达到最高，此时，项目通过工程优化所得收益为 E_{max}。

通过工程优化可能获得的最大收益一般与工程复杂程度、初步设计深度及工程总投资等因素相关，在此可设：

$$E_{max}=\varphi P \tag{6-3}$$

式（6-3）中，φ 为总承包项目通过工程优化可实现最大的收益系数，$0 \leqslant \varphi \leqslant 1$，且 φ 与工程复杂程度、设计深度等因素相关。

2. 收益分配比例分析

在水利水电工程联合体总承包项目中，工程总承包商可能由不止一个设计企业和不止一个施工企业组成。但针对具体的优化事项，仅会涉及一个设计企业和一个施工企业，所获得的优化收益在双方之间进行分配。

（1）工程优化收益分配

对于工程总承包项目而言，在项目实施过程中，采用固定总价合同时，合同总价保持不变。为了降低项目成本，工程总承包方（设计方和施工方形成的联合体）会开展工程优化活动。但是工程优化的过程中需要双方投入一定的资源（人力、材料、机械等），资源的投入必定有一定的成本和代价。设工程优化成本为 C，则有：

$$C=C_1+C_2 \tag{6-4}$$

式（6-4）中，C_1 为设计方的成本，C_2 为施工方的成本。

在工程优化过程中，设计方和施工方的成本主要由两部分组成：一是工程优化或因工程优化所需投入的有形成本（如资金或设备的投入，施工方为实施优化方案所需付出的资源调配费用等）；二是各自知识投入的成本。则有：

$$C_1=C_{01}+R_1 \tag{6-5}$$

$$C_1=C_{02}+R_2 \tag{6-6}$$

式（6-5）和式（6-6）中，C_{0i} 表示各方因优化工程而投入的有形成本；R_1 表示各方因优化工程而投入的知识成本，i=1, 2。

成本投入 C 创造优化收益 E，并包含在优化收益 E 中，且有 $C \leqslant E$。在工程优化过程中双方投入的有形成本可以直接观测度量，知识成本的投入则不易直接度量，但知识成本可以通过各方知识投入的成本系数和努力程度来度量，设：

$$R_i=g(\alpha_i, \chi_i),\ i=1, 2 \tag{6-7}$$

式（6-7）中，α_i 表示知识投入成本系数，$0 \leqslant \alpha_i \leqslant 1$，（$i$=1，2），可通过评估或经验求得；$\chi_i$ 表示努力程度，即知识投入强度，$0 \leqslant \chi_i \leqslant 1$，（$i$=1，2）。

显然，知识成本与各方努力程度成正比，即 $g(\alpha_i, \chi_i)$ 为努力水平 χ_i 的增函数，所以 $R_i'>0$；同时，知识成本的边际成本是递增的，即 $R_i''>0$。知识投入创造项目的总承包收益，知识投入的成本与项目最大可实现总承包收益 E 之间存在一定的关系，在此基础上设：

$$R_i=E\cdot(\alpha_i\chi_i)^2,\ i=1, 2 \tag{6-8}$$

工程总承包项目优化的实现程度 η 与设计方和施工方的努力程度相关，所以有：

$$\eta=f(\beta_1, \chi_1, \beta_2, \chi_2) \tag{6-9}$$

式（6-9）中，β_1、β_2 分别表示设计方和施工方知识投入的效用系数，且 $0 \leqslant \beta_i \leqslant 1$，$i$=1，2。

工程优化实现程度与双方的努力程度正相关，$f(\beta_1, \chi_1, \beta_2, \chi_2)$ 应为 χ_i 的严格单调递增函数，即 $\partial f/\partial\chi_i>0$，$i$=1，2；另外，工程优化的实现程度与双方合作密切程度有关，且应满足 $0 \leqslant \eta \leqslant 1$，则可假设：

$$\eta=\frac{1}{2}(\beta_1\chi_1+\beta_2\chi_2+\theta\chi_1\chi_2+\xi) \tag{6-10}$$

式（6-10）中，θ 为设计方与施工方之间工作的关联系数，如果两者相互充分信任、紧密合作，$\theta>0$；反之，两者欠紧密时，有 $\theta<0$。ξ 为随机干扰变量，假设服从正态分布，即 $\xi\sim N(0,\sigma^2)$。为研究方便，此处取 $\theta=0$。

在上述条件下，工程总承包联合体通过优化工程得到的收益，即项目的总承包优化工程的利润为：$V=E-C$，将 E，C 代入得：

$$V=\frac{1}{2}\varphi P(\beta_1\chi_1+\beta_2\chi_2+\xi)-(\alpha_1\chi_1)^2\varphi P-C_{01}-(\alpha_2\chi_2)^2\varphi P-C_{02} \tag{6-11}$$

通过工程优化所得到的项目总承包利润在设计方与施工方之间进行分配，令设计方分配的比例为 λ（$0\leqslant\lambda\leqslant1$），则施工方分配的比例为（$1-\lambda$）。

设计方和施工方因设计优化带来的净收益分别为：

$$V_1=\lambda E-C_1 \tag{6-12}$$

$$V_2=(1-\lambda)E-C_2 \tag{6-13}$$

将 E，C_1，C_2，代入上式整理可得：

$$V_1=\frac{1}{2}\lambda\varphi P(\beta_1\chi_1+\beta_2\chi_2+\xi)-(\alpha_1\chi_1)^2\varphi P-C_{01} \tag{6-14}$$

$$V_2=\frac{1}{2}(1-\lambda)\varphi P(\beta_1\chi_1+\beta_2\chi_2+\xi)-(\alpha_2\chi_2)^2\varphi P-C_{02} \tag{6-15}$$

（2）分配比例求解

由式（6-14）、（6-15）可以看出，双方收益与双方各自的努力程度有关。式（6-14）两边对 χ_1 求偏导，式（6-15）两边对 χ_2 求偏导，并令 $\frac{\partial V_1}{\partial\chi_1}=0$，$\frac{\partial V_2}{\partial\chi_2}=0$，可求得：

$$\chi_1^*=\frac{\lambda\beta_1}{4\alpha_1^2} \tag{6-16}$$

$$\chi_2^*=\frac{(1-\lambda)\beta_2}{4\alpha_2^2} \tag{6-17}$$

则 χ_1^* 可表示设计方仅考虑自身利益最大化时的努力程度；χ_2^* 表示施工方仅考虑自身利益最大化时的努力程度。由式（6-16）和式（6-17）可以看出，仅从自身利益最大化出发时，双方的努力程度与其自身效用系数成正比，与其自身成本系数二次方成反比，同时也与自身所获得的收益分配比例成正比。

将 χ_1^*，χ_2^* 值代入式（6-11）可得：

$$V=\frac{1}{2}\varphi P\left(\frac{\lambda\beta_1^2}{4\alpha_1^2}+\frac{(1-\lambda)\beta_2^2}{4\alpha_2^2}+\xi\right)-\left(\frac{\lambda\beta_1}{4\alpha_1}\right)^2\varphi P-C_{01}-\left(\frac{(1-\lambda)\beta_2}{4\alpha_2}\right)^2\varphi P-C_{02} \tag{6-18}$$

对式（6-18）两边关于 λ 求偏导，可得：

$$\frac{\partial V}{\partial \lambda}=\varphi P(\frac{\beta_1^2}{8\alpha_1^2}-\frac{\beta_2^2}{8\alpha_2^2})-\frac{\lambda\beta_1^2}{8\alpha_1^2}\varphi P+\frac{(1-\lambda)\beta_2^2}{8\alpha_2^2}\varphi P \tag{6-19}$$

令 $\frac{\partial V}{\partial \lambda}=0$，可求得：

$$\lambda^*=\frac{\alpha_2^2\beta_1^2}{\alpha_2^2\beta_1^2+\alpha_1^2\beta_2^2} \tag{6-20}$$

λ^* 可表示双方仅考虑自身收益最大化情形下的收益最优分配比例，可以看出最优收益分配比例与双方知识成本效用系数和成本系数相关。

定义 $\gamma_i=\beta_i/\alpha_i$（$i$=1，2）为联合体中成员 i 知识投入的效用成本系数比。

将 λ^* 变形可得到：

$$\lambda^*=\frac{1}{1+\gamma_1^2/\gamma_2^2} \tag{6-21}$$

可以看出，联合体工程总承包收益最优分配系数与自身效用成本系数二次方正相关，与对方效用成本系数二次方负相关。

3. 算例分析

某一水利水电工程项目采用设计施工总承包形式进行建设，项目总承包合同金额 P=21.37 亿元，施工合同为总价合同。现由 设计和施工联合体共同承担该项目建设，设通过工程优化实现的最大成本降低额度占合同金额比例 φ=2%。为实施该项优化，设计方和施工方均需要大量的人力和物力投入。双方直接成本投入 C_{01}=52.18 万元，C_{02}=79.96 万元；双方知识投入成本系数 α_1=0.4，α_2=0.3；双方知识投入效用系数 β_1=0.7，β_2=0.4。

根据式（6-21），将 α_1，α_2，β_1，β_2 代入，可求得：

$$\lambda^*=\frac{\alpha_2^2\beta_1^2}{\alpha_2^2\beta_1^2+\alpha_1^2\beta_2^2}=\frac{0.3^2\times0.7^2}{0.3^2\times0.7^2+0.4^2\times0.4^2}=0.63$$

即该项工程优化中，设计方和施工方两者最优收益分配比例为：设计方占63%，施工方占37%。

将 α_1，β_1，λ^* 代入式（6-16）可求得 χ_1^*=0.69；将 α_2，β_2，λ^* 代入式（6-17）可求得 χ_2^*=0.41。

与此同时，可得工程优化总体收益为：

V=0.5×0.02×21.37×10^4×（0.7×0.69+0.4×0.41）－（0.4×0.69）^{2}×0.02×21.37×10^4-52.18-（0.3×0.41）^{2}×0.02×21.37×10^4-79.96=1384.05 万元

设计方优化工程可获得的净收益为：

V_1=0.5×0.63×0.02×21.37×10^4×（0.7×0.69+0.4×0.41）-（0.4×0.69）^{2}×0.02×21.37×10^4×52.18=496.03 万元

施工方优化工程可获得的净收益为：

V_2=0.5×（1-0.63）×0.02×21.37×10^4×（0.7×0.69+0.4×0.41）-（0.3×0.41）^{2}×0.02×21.37×10^4-79.96=364.32 万元。

6.3.2 主体公平关切行为对收益分配的影响

行为科学研究表明，现实中利益主体往往对交易的公平性表现出极大关注，即具有公平关切行为[20]。如，在双方或多方利益分配过程中，某一方有可能会在感到不公平时以自身利益受损为由而拒绝接受相应分配方案[21]。许多实证或实验研究表明了人具有公平关切这一非理性行为的存在。Ho 等[22]研究了供应链契约中的公平关切倾向，证实了公平关切行为的存在，并建立了相应的公平偏好效用函数。Loch 等[23]通过研究证明了主体决策行为并非完全取决于经济利益的最大化，主体公平关切行为会影响系统的整体效率。Pavlov 等[24]基于主体的公平偏好研究了公平关切行为对供应链协调的影响。Cui[25]、Demirag[26]、杜少甫[27]、孙玉玲[28]和马利军[29,30]等将公平偏好引入到供应链管理中，考虑不同的因素研究了公平关切行为对供应链契约及其协调的影响。李真等[31]考虑主体公平关切行为，分析了主体公平关切程度对工程建设项目工期优化收益共享谈判绩效的影响，结论是工程建设项目工期优化谈判绩效与主体公平关切行为有密切关系。由此可见，主体公平关切行为对主体决策活动有直接影响，优化收益分配过程中不仅应考虑到主体的理性行为，还应考虑利益相关方公平关切这一非理性行为。基于此，此处从行为科学角度出发，考虑合作相关方收益分配过程中的公平关切行为，通过建模仿真分析，研究利益主体公平关切行为对设计施工联合工程总承包项目优化收益及分配效果的影响。

1. 基本假设

（1）项目优化收益 E 总大于双方优化项目所需要付出的成本之和 C，即项目优化整体上存在净收益。

（2）优化收益完全在设计和施工双方之间分配，且各方收益大于各自所付出的成本，即参与各方均有一定的净收益。

2. 公平关切模型

公平关切研究者认为当主体收益低于其他主体收益一定程度时，会认为自身利益遭受到了损失，从而会采取相应的反抗措施，利益相关方的公平关切心理不可忽视。为了体现利益相关方的公平关切心理，一般在效用函数中引入利润差异等形式来刻画主体的公平关切心理，设项目优化过程中设计方获得的收益为 V_1，施工方获得的收益为 V_2，借鉴文献 [23]、[31] 所建立的效用函数来表示主体的公平关切偏好。效用函数表示如下：

$$U_1(V_1)=V_1-\mu_1(V_2-V_1) \tag{6-22}$$

$$U_2(V_2)=V_2-\mu_2(V_1-V_2) \tag{6-23}$$

式（6-22）和式（6-23）中，μ_1 表示设计方的公平关切系数，μ_2 表示施工方的公平关切系数，且 $\mu_1 \geqslant 0$，$\mu_2 \geqslant 0$；公平关切系数越大，表示主体公平关切程度越高，主体越注重自身收益的公平性。

收益分配必须满足双方各自净收益均大于零，即必须满足 $V_1>0$，$V_2>0$，将式（6-14）、（6-15）代入，整理可得到：

$$\frac{2[(\alpha_1\chi_1)^2\varphi P+C_{01}]}{\varphi P(\beta_1\chi_1+\beta_2\chi_2+\xi)}<\lambda<1-\frac{2[(\alpha_2\chi_2)^2\varphi P+C_{02}]}{\varphi P(\beta_1\chi_1+\beta_2\chi_2+\xi)} \tag{6-24}$$

令：

$$a=\frac{2[(\alpha_1\chi_1)^2\varphi P+C_{01}]}{\varphi P(\beta_1\chi_1+\beta_2\chi_2+\xi)} \tag{6-25}$$

$$b=1-\frac{2[(\alpha_2\chi_2)^2\varphi P+C_{02}]}{\varphi P(\beta_1\chi_1+\beta_2\chi_2+\xi)} \tag{6-26}$$

此外，项目优化收益分配过程中，具有公平关切行为的主体不仅关注自身收益的多少，同时也会考虑系统收益分配的公平性。只有在满足自身公平关切心理的基础上主体才会接受收益分配方案，收益分配才能达成一致。因此，收益分配系数 λ 的值必须要满足 $U_1(V_1)>0$，$U_1(V_2)>0$。将 V_1，V_2 代入式（6-22）、（6-23）并进行整理，可得到：

$$\lambda>\frac{2\{(1+\mu_1)[(\alpha_1\chi_1)^2\varphi P+C_{01}]-\mu_1[(\alpha_2\chi_2)^2\varphi P+C_{02}]\}}{\varphi P(\beta_1\chi_1+\beta_2\chi_2+\xi)(1+2\mu_1)}+\frac{\mu_1}{1+2\mu_1} \tag{6-27}$$

$$\lambda<\frac{1+\mu_2}{1+2\mu_2}-\frac{2\{(1+\mu_2)[(\alpha_2\chi_2)^2\varphi P+C_{02}]-\mu_2[(\alpha_1\chi_1)^2\varphi P+C_{01}]\}}{\varphi P(\beta_1\chi_1+\beta_2\chi_2+\xi)(1+2\mu_2)} \tag{6-28}$$

令：

$$c=\frac{2\{(1+\mu_1)[(\alpha_1\chi_1)^2\varphi P+C_{01}]-\mu_1[(\alpha_2\chi_2)^2\varphi P+C_{02}]\}}{\varphi P(\beta_1\chi_1+\beta_2\chi_2+\xi)(1+2\mu_1)}+\frac{\mu_1}{1+2\mu_1} \tag{6-29}$$

$$d=\frac{1+\mu_2}{1+2\mu_2}-\frac{2\{(1+\mu_2)[(\alpha_2\chi_2)^2\varphi P+C_{02}]-\mu_2[(\alpha_1\chi_1)^2\varphi P+C_{01}]\}}{\varphi P(\beta_1\chi_1+\beta_2\chi_2+\xi)(1+2\mu_2)} \tag{6-30}$$

综上，可得到收益分配系数 λ 的可行域为 $[\lambda_{min}, \lambda_{max}]$，其中：

$$\lambda_{min}=\max\{a, c\} \tag{6-31}$$

$$\lambda_{max}=\min\{b, d\} \tag{6-32}$$

不难看出，收益分配系数 λ 的可行域与双方公平关切程度有一定关系。由式（6-16）、（6-17）可知，双方所获得收益与双方各自的努力程度有关。联合体双方均是独立法人，均以追求自身利益最大化为目的，设双方均从自身利益最大化出发，仅考虑自身收益的最大化。

将 χ_1^*，χ_2^* 值代入式（6-14）、（6-15）可得：

$$V_1=\frac{1}{2}\lambda\varphi P(\frac{\lambda\beta_1^2}{4\alpha_1^2}+\frac{(1-\lambda)\beta_2^2}{4\alpha_2^2}+\xi)-(\frac{\lambda\beta_1}{4\alpha_1})^2\varphi P-C_{01} \tag{6-33}$$

$$V_2=\frac{1}{2}(1-\lambda)\varphi P(\frac{\lambda\beta_1^2}{4\alpha_1^2}+\frac{(1-\lambda)\beta_2^2}{4\alpha_2^2}+\xi)-(\frac{(1-\lambda)\beta_2}{4\alpha_2})^2\varphi P-C_{02} \tag{6-34}$$

$$V=\frac{1}{2}\varphi P(\frac{\lambda\beta_1^2}{4\alpha_1^2}+\frac{(1-\lambda)\beta_2^2}{4\alpha_2^2}+\xi)-(\frac{\lambda\beta_1}{4\alpha_1})^2\varphi P-C_{01}-(\frac{(1-\lambda)\beta_2}{4\alpha_2})^2\varphi P-C_{02} \tag{6-35}$$

显然，主体不同公平关切程度下，从自身利益最大化角度出发，双方的努力程度会有所不同，项目优化收益 V 及主体相应所获得的收益 V_1、V_2 也会不同。利用 R 语言编程模拟计算，可分析主体公平关切行为对收益分配可行域及项目优化绩效（项目总收益 V 及双方各自收益 V_1 和 V_2）的影响情况。

3. 模拟计算分析

（1）案例参数

为研究联合体利益相关方公平关切行为对工程总承包项目优化收益及其分配的影响，设定如下三种情景进行模拟分析：仅设计方具有公平关切（情景一），仅施工方具有公平关切（情景二）及双方均具有公平关切（情景三）。结合工程实际案例，给出模型基本参数见表 6-1。

（2）公平关切程度对收益分配可行域的影响

由式（6-16）、（6-17）可知，双方努力程度与各自所获得的收益分配系

案例参数 表 6-1

Case parameters Table 6-1

参数	取值	参数	取值
P（合同总金额）	16.75 亿元	α_2（施工方知识成本系数）	0.30
φ（可实现最大的收益系数）	3.00%	β_1（设计方知识投入效用系数）	0.75
C_{01}（设计方直接成本）	176.42 万元	β_2（施工方知识投入效用系数）	0.45
C_{02}（施工方直接成本）	353.72 万元	ξ（随机干扰变量）	0
α_1（设计方知识成本系数）	0.45		

数相关，而收益分配系数与主体公平关切程度相关。根据式（6-16）、（6-17）、（6-24）、（6-27）、（6-28），通过模拟分析可得到三种情景下收益分配系数 λ 的可行域 $[\lambda_{min}, \lambda_{max}]$ 随主体公平关切程度变化情况，如图 6-1 所示。图中竖线表示不同情境中给定主体公平关切程度下所对应的收益分配系数 λ 的可行域。

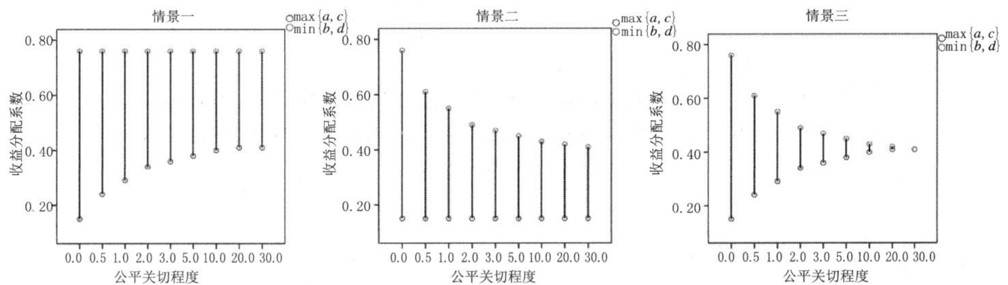

图 6-1　主体不同公平关切程度下所对应的收益分配可行域

Fig.6-1　The feasible region of income distribution under different fairness concerns

由上图可以看出，无论是何种情况下，随着主体公平关切程度的提升，收益分配系数 λ 的可行域 $[\lambda_{min}, \lambda_{max}]$ 都在逐渐缩小；单方具有公平关切行为的情况下（情景一和情景二），随着主体公平关切程度的增加，一定程度下收益分配系数会明显向对其有利的情况偏移，但当公平关切程度达到一定值后，随着主体公平关切程度的提升，收益分配系数的可行域将不再有明显变化；双方均具有公平关切行为时（情景三），随着双方公平关切程度的提升，收益分配系数的可行域将会明显缩小，并最终趋向于零。设收益分配系数 λ 的可行域长度为 L，则有：

$$L=\lambda_{min}-\lambda_{max} \tag{6-36}$$

式（6-36）中，$\lambda_{min}=\max\{a, c\}$，$\lambda_{max}=\min\{b, d\}$。显然，收益分配系数可行域的长度 L 可以反映收益分配达成的可能性，收益分配系数可行域长度越长，收益分配达成的可能性越大，反之收益分配达成的可能性就越小。三种情景下收益分配系数可行域长度随主体公平关切程度变化趋势如图 6-2 所示。

由图 6-2 可知，无论是何种情况下，随着主体公平关切程度的提升，收益分配系数可行域的长度 L 都在不断减小，收益分配达成的可能性在不断降低；特别地，在主体双方均具有公平关切的情景下（情景三），主体公平关切程度对收益分配达成的可能性影响巨大，当双方公平关切程度达到一定值时，收益分配可行域长度几乎为零，优化收益分配事项将很难达成。

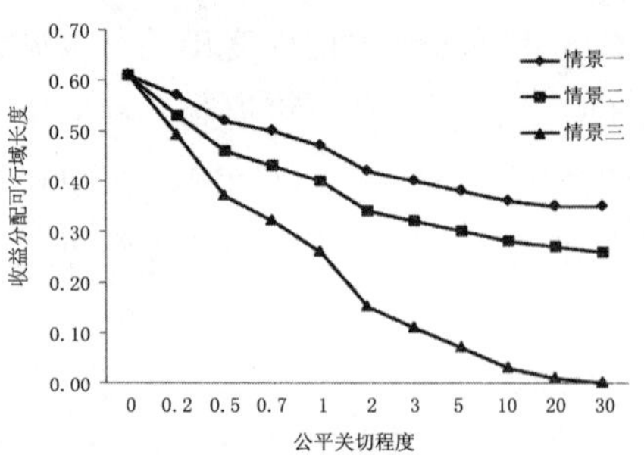

图 6-2 主体不同公平关切程度下所对应的收益分配可行域长度

Fig.6-2 The feasible region length of income distribution under different fairness concerns

（3）公平关切程度对项目优化绩效的影响

由式（6-33）、（6-34）和（6-35）可知，项目优化净收益 V 及主体相应所获得的净收益 V_1、V_2 均与收益分配系数相关，而收益分配系数与主体公平关切程度相关。因此，主体公平关切行为会影响项目优化收益，也会影响项目优化绩效。项目优化净收益及主体各自可获得的净收益的均值、期望值及最大值可在一定程度上反映项目优化绩效。因此，根据所建立的收益分配模型，选择主体不同公平关切程度下所对应收益分配可行域内项目优化净收益及主体各自可获得的净收益的均值、期望值及最大值为研究对象，分析主体公平关切程度对项目优化绩效的影响。

1）公平关切程度对项目优化收益均值的影响。净收益均值指收益分配可行域内所对应的所有可能净收益的平均大小。收益分配系数与主体公平关切程度相关，不同主体公平关切程度下对应不同的收益分配可行域 $[\lambda_{min}, \lambda_{max}]$，不同的收益分配可行域 $[\lambda_{min}, \lambda_{max}]$ 会对应不同的净收益均值。通过模拟分析计算求解得不同主体公平关切程度下项目优化收益均值及各主体所对应的收益均值变化情况，如图 6-3 所示。

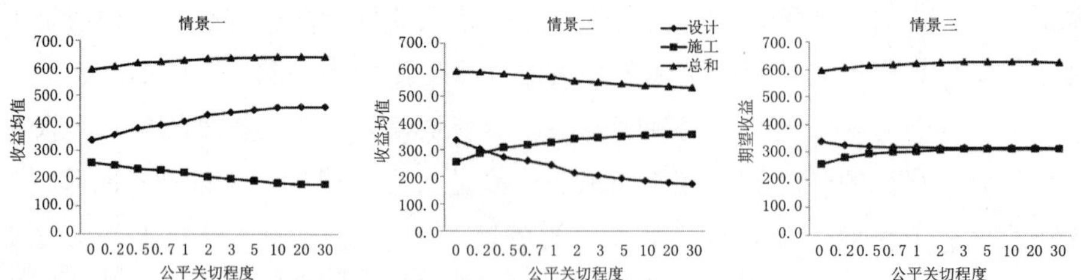

图 6-3 主体不同公平关切程度下所对应的收益均值

Fig.6-3 The average value of income under different fairness concerns

由图 6-3 可以看出，单方具有公平关切行为时（情景一和情景二），随着主体公平关切程度的增加，具有公平关切行为的主体收益均值会有所增加，相对应另一方收益均值则不断减小；双方均具有公平关切行为时（情景三），随着公平关切程度的增加双方收益均值趋于一致，且随公平关切程度的增加双方收益均值的变化不大；仅设计方具有公平关切行为时（情景一）及双方均具有公平关切行为时（情景三），随主体公平关切程度的增加项目优化净收益均值会有所增加，但增加量十分有限；仅施工方具有公平关切行为时（情景二），随主体公平关切程度的增加项目优化净收益均值会有所减小。

2）公平关切程度对项目优化净收益期望值的影响。净收益期望值指主体不同公平关切程度下项目所可能获得的净收益，即不同主体公平关切程度下所对应的项目净收益及各主体所对应的净收益在收益分配可行域上的积分。项目净收益期望值代表着项目优化收益可能实现的情况。在三种情景下，项目及各主体净收益期望值随主体公平关切程度变化情况如图 6-4 所示。

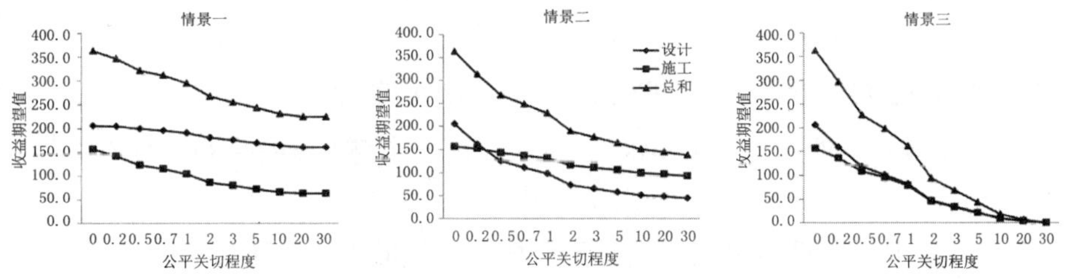

图 6-4　主体不同公平关切程度下所对应的收益期望值

Fig.6-4　The expected value of income under different fairness concerns

由图 6-4 可知，无论何种情景下，项目优化净收益及各主体所获得的净收益的期望值都随主体公平关切程度的增加而不断减小；特别地，双方均具有公平关切行为时（情况三），双方公平关切行为对项目及各主体净收益期望值影响巨大，随着双方公平关切程度不断增大而趋向于零。

3）公平关切程度对项目优化净收益最大值的影响。最大净收益值指主体不同公平关切行为下项目及各主体所能够获得的最大项目优化净收益。通过模拟分析，可得到主体不同公平关切行为下项目优化净收益最大值及各主体所可能获得的优化净收益最大值变化情况如图 6-5 所示。

由图 6-5 可知，单主体具有公平关切行为时（情景一和情景二），具有公平关切行为主体所能实现的优化净收益的最大值不会随主体公平关切程度的变化而变化。然而，没有公平关切行为的一方其所可能获得的最大优化净收益会随对方公平关切程度的增大而减小；双方均具有公平关切行为的情况下（情景三），项目优化所可能实现的最大净收益及各主体所可能获得的优化净收益最大值均会随双方公平关切程度的增大而减小。

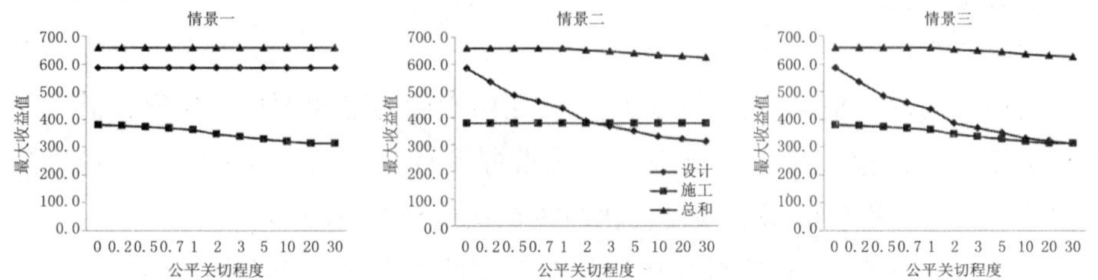

图 6-5　主体不同公平关切程度下所对应的收益最大值

Fig.6-5　The maximum value of income under different fairness concerns

综上所述，总体而言主体的公平关切行为在一定程度上会增加主体自身所获得收益，出现“利己”的情况。但单主体具有公平关切情景下（情景一和情景二），随着主体的公平关切程度的增加，不具有公平关切行为的一方所可能获得的收益将会不断减小，出现“损人”的情况；从项目整体角度来看，随着主体公平关切程度的增加，项目优化所可能实现的收益会有所增加，但优化事项达成的可能性在不断减小，主体公平关切行为对项目优化事项的落地弊大于利。

6.4　联合体工程总承包项目优化收益共享谈判

联合体双方均对优化收益的分配极为关注，往往很难找到一种绝对公平的方法对优化收益进行直接分配。工程实践中，利益相关问题往往会伴随谈判过程，如工程采购谈判、索赔谈判等[32]。谈判是解决问题的一种有效手段[33]，联合体工程总承包项目优化收益分配也可通过谈判的方式来解决。关于工程建设领域谈判问题的研究，Yuan 等[34]考虑资金的时间价值，建立了工程索赔讨价还价谈判模型。Leu 等[35]基于贝叶斯理论研究了工程采购谈判的问题。Yiu 等[36]建立了相应的工程争端解决谈判模型。Chow 等[37]基于尖端突变理论分析了建设工程争端谈判过程中谈判者中途退出谈判的影响因素及其形成机理。上述研究为工程实践中相关利益问题的解决提供了很好的指导，本研究拟将谈判机制引入水利水电工程联合体总承包项目优化收益分配中，以全新的手段解决水利水电工程联合体总承包项目优化收益分配的问题。

因此，针对水利水电工程联合体总承包项目优化收益分配问题，本研究考虑主体公平关切行为，构建设计施工联合体工程总承包项目优化收益分配谈判模型，以全新的方式来解决联合体工程总承包项目优化收益分配问题。并通过模拟谈判实验，验证模型的有效性，同时进一步分析主体公平关切行为对设计施工联合工程总承包项目优化收益及其分配谈判效果的影响，以期为联合体工程总承包项目优化收益分配提供参考。

6.4.1 基本假设

（1）工程实践中，工程项目优化一般以工程项目的子项为单位进行，因此本研究所述水利水电工程联合体总承包项目优化为该项目某一子项的优化。

（2）通过项目优化可以获得一定收益，且优化收益完全在设计方和施工方之间进行分配。

（3）设计方和施工方愿意通过谈判的方式来解决优化收益分配问题，且双方均为理性人，以追求利益最大化为目的。谈判破裂时双方均不能取得优化收益，因此双方中途不会有意退出谈判。

6.4.2 谈判流程设计

1. 谈判原则

项目优化收益分配的实质是收益分配比例（系数）的确定，联合体双方针对收益分配比例 λ 进行谈判，谈判过程可以看作是一个讨价还价的博弈过程，假设双方在谈判过程中遵循序贯谈判规则。首先，一方提出收益分配方案，给出收益分配比例，由对方作出是否接受该分配方案的决策。若抉择方不接受对方的分配方案，抉择方需提出新的分配方案并由对方决定是否接受，依次循环。当谈判一方接受对方所提分配方案时，谈判成功 [38, 39]。

谈判需要付出精力和时间，每次谈判双方都需要付出一定的代价，因而谈判不可能无限期一直进行下去。设双方最大谈判周期为 T，当谈判时间超出最大谈判周期时，谈判宣告失败，谈判结束。谈判周期每增加一次，考虑时间成本等因素，谈判双方均会有一定消耗，在此以谈判损耗的形式来体现。假设每个谈判周期设计方谈判损耗系数为 σ_1，施工方谈判损耗系数为 σ_2，$\sigma_i \in [0,1]$（i=1，2）[40]。

2. 谈判流程

基于上述谈判原则，参考文献［40］确定双方谈判流程如下：

第一回合：谈判周期 t=1。假设设计方在联合体中起主导作用，因此由其率先提出收益分配方案，给出收益分配系数 $\lambda(1)$，交由施工方选择是否接受该分配方案。如果施工方接受设计方的分配方案，则谈判达成一致，谈判结束；如果施工方不接受设计方的分配方案，则施工方需提出新的收益分配系数$\lambda(2)$。但如果施工方拒绝，谈判不得不进入下一回合，预期收益不得不减去相应谈判损耗。此时对于施工方，其接受或拒绝设计方所提分配方案的预期收益分别为：

$$V_2（接受）=V_2(\lambda(1))$$

$$V_2（拒绝）=(1-\sigma_2)V_2(\lambda(2))$$

如果V_2（接受）$>V_2$（拒绝），施工方接受设计方所提出的分配方案，谈判结束；如果V_2（拒绝）$>V_2$（接受），施工方则会拒绝设计方的分配方案，并提出新的收益分配方案，谈判进入第二回合。

第二回合：谈判周期t=2。施工方给出收益分配系数$\lambda(2)$，由设计方决策是否接受。如果设计方接受该分配方案，则谈判达成一致，谈判结束；如果设计方不接受施工方提出的分配方案，则设计方需重新提出新的收益分配系数$\lambda(3)$，谈判进入下一回合，与此同时也将带来预期收益的损耗。此时对于设计方，其接受或拒绝施工方所提分配方案的预期收益分别为：

$$V_1（接受）=(1-\sigma_1)V_1(\lambda(2))$$

$$V_1（拒绝）=(1-\sigma_1)^2V_1(\lambda(3))$$

同理，如果V_1（接受）$>V_1$（拒绝），设计方会接受施工方提出的分配方案，谈判结束；如果V_1（拒绝）$>V_1$（接受），设计方则会拒绝该分配方案，并提出新的收益分配方案，谈判进入第三回合。

第三回合：谈判周期t=3。设计方再次给出收益分配系数$\lambda(3)$，由施工方决策是否接受该分配方案，如果施工方接受，则谈判达成一致，谈判结束；如果施工方不接受该分配方案，则施工方需提出新的收益共享系数$\lambda(4)$，谈判进入下一回合，与此同时也将带来预期收益的损耗。此时对于施工方，其接受和拒绝设计方所提分配方案的预期收益分别为：

$$V_2（接受）=(1-\sigma_2)^2V_2(\lambda(3))$$

$$V_2（拒绝）=(1-\sigma_2)^3V_2(\lambda(4))$$

如果V_2（接受）$>V_2$（拒绝），施工方接受设计方提出的分配方案，谈判结束；如果V_2（拒绝）$>V_2$（接受），施工方将拒绝该分配方案，并提出新的收益分配方案，谈判进入第四回合。谈判过程如此循环下去，直到其中一方接受对方所提出的分配方案或谈判周期$t>T$时，谈判结束。

3. 还价策略

谈判过程中双方均有各自相应的收益分配系数阈值（设计方为$[\lambda_{min},1]$，施

工方为 $[0,\lambda_{max}]$），在序贯谈判方式中，双方均会从对自己最有利的分配方案开始，基于一定策略，每次给出各自的分配方案（对应相应的收益分配系数 λ）。在进行还价策略选择时谈判者通常会基于一定的标准，如时间、资源等，其中基于时间序列的还价策略最为常见[41]。在这种条件下，时间是决定谈判者给出还价参数的最关键因素。此时，t 时刻谈判者 x 给予对方 x' 的还价参数 $\lambda(t)$ 可表示为[42, 43]：

$$\lambda(t)=\begin{cases}\lambda_{\min}^{x}+\phi(t)(\lambda_{\max}^{x}-\lambda_{\min}^{x}) & x=\mathrm{Con}\\ \lambda_{\max}^{x}-\phi(t)(\lambda_{\max}^{x}-\lambda_{\min}^{x}) & x=\mathrm{Des}\end{cases} \tag{6-37}$$

式（6-37）中，Con 表示施工方，Des 表示设计方；$\phi(t)$ 为还价决策函数，$\phi(t)$ 可由下式表示：

$$\phi(t)=k+(1-k)(\frac{t}{T})^{1/\psi} \tag{6-38}$$

式（6-38）中，k 为初始效用系数，控制初始谈判参数大小，$k\in[0,1]$。Ψ 表示控制系数，其主要控制每次给出的还价参数的增幅，$\Psi>0$。k 及 Ψ 值大小与主体谈判策略相关。

综上，优化收益分配谈判整体流程如图 6-6 所示。

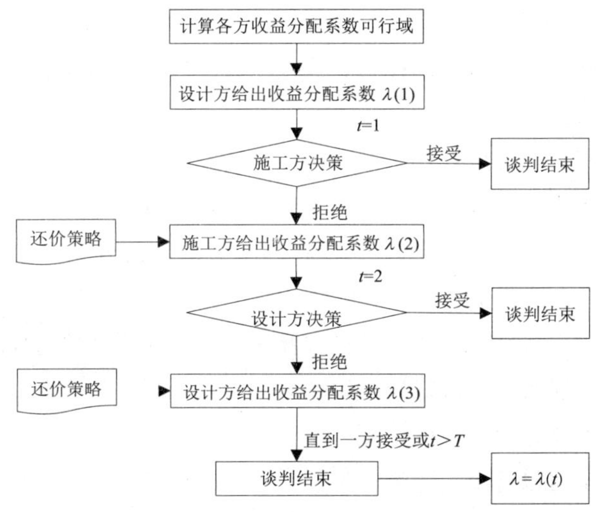

图 6-6 优化收益分配谈判流程

Fig.6-6 The negotiation process of income distribution

6.4.3 模拟谈判实验分析

1. 案例参数

为验证谈判模型的可行性及进一步分析主体公平关切行为对联合体工程总

承包项目优化收益及分配谈判结果的影响，此处仍设定三种情景：仅设计方具有公平关切（情景一），仅施工方具有公平关切（情景二）及双方均具有公平关切行为（情景三），并进行模拟实验分析。结合工程实例，给出实验参数见表 6-2。

案例参数 表 6-2

Case parameters Table 6-2

参数	取值	参数	取值
P（合同总金额）	11.67 亿元	β_2（施工方知识投入效用系数）	0.72
φ（可实现最大的收益系数）	2.00%	ξ（随机干扰变量）	0
C_{01}（设计方直接成本）	156.33 万元	k（初始效用系数）	0
C_{02}（施工方直接成本）	208.54 万元	Ψ（时间控制系数）	2
α_1（设计方知识成本系数）	0.52	σ_1（设计方谈判损耗系数）	0.12
α_2（施工方知识成本系数）	0.21	σ_2（施工方谈判损耗系数）	0.08
β_1（设计方知识投入效用系数）	0.83	T（谈判最大周期）	20

2. 模拟实验结果与分析

依据上述建立的收益分配谈判模型及工程实例参数，利用 R 语言编程进行模拟谈判实验分析，求解出不同情景中双方不同公平关切程度下的谈判结果，并进一步分析双方公平关切行为对优化绩效及分配谈判效果的影响，通过模拟实验分析可得到如下结果。

（1）公平关切程度对双方谈判可行域的影响

谈判过程中双方围绕 λ 值的大小展开谈判，对双方而言都有其愿意接受的 λ 的取值范围（收益分配系数可行域）。双方的收益分配系数可行域决定着双方谈判时收益分配系数的取值，而收益分配系数谈判可行域与双方公平关切程度有关。通过模拟分析可得到设计方及施工方不同公平关切程度下，对双方自身而言收益分配系数的可行域，如图 6-7 所示。图中竖线表示给定公平关切程度下各方的收益分配系数可行域。

由图 6-7 可以看出，随着公平关切程度的提升，无论是对设计方还是施工方，其自身收益分配系数的可行域都在逐渐缩小。双方收益分配系数可行域的大小与谈判达成的可能性存在一定关系，随着双方收益分配系数可行域的缩小，谈判达成的可能性也极有可能降低。

（2）公平关切程度对项目优化及收益分配谈判的影响

不同公平关切程度下设计方和施工方的收益分配系数可行域不同。因此，双方公平关切行为对谈判结果（谈判成功时的谈判周期、收益分配系数及系统

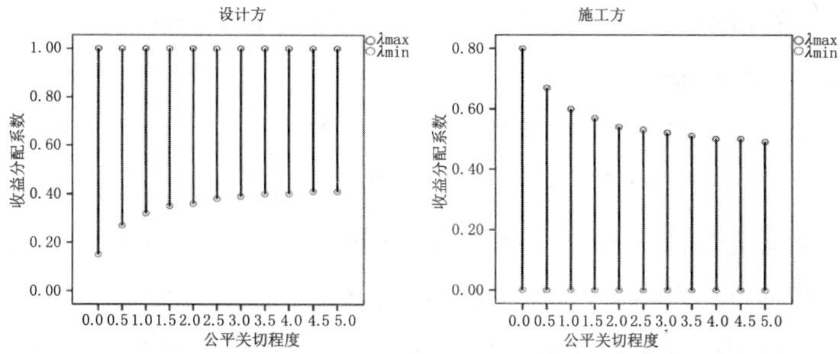

图 6-7　不同公平关切程度下各方收益分配谈判可行域

Fig.6-7　Feasible region of income distribution negotiation under different fairness concerns

净收益）会产生影响。根据上文建立的项目优化收益分配谈判模型及谈判基本参数，分别对三种情景中双方不同公平关切程度条件下的谈判效果进行模拟实验分析。通过模拟分析可得到三种情景中双方不同公平关切程度下谈判达成时的谈判周期（t），收益分配系数（λ），以及系统净收益（V），如图 6-8 所示。

由图 6-8 可以看出：

首先，仅设计方具有公平关切行为时（情景一），随公平关切程度的增加，谈判达成时的谈判周期由 7 增加到了 10；仅施工方具有公平关切行为时（情景二），随公平关切程度的增加，谈判达成时的谈判周期由 7 增加到了 11；双方均具有公平关切行为（情景三）的情况下，谈判达成时的谈判周期由 7 增加到了 16。由此可见，无论何种情景下，随双方公平关切程度的增加，谈判成功时的谈判周期都在不断增大；且同一公平关切程度，双方均具有公平关切行

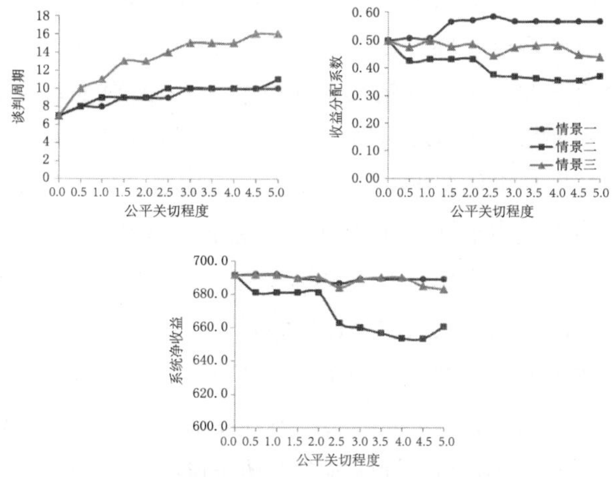

图 6-8　双方不同公平关切程度下谈判达成时的结果

Fig.6-8　The outcome of negotiations under different fairness concerns

为（情景三）的情况下谈判达成时的谈判周期均大于仅一方具有公平关切行为的情景（情景一和情景二）。

其次，仅设计方具有公平关切行为时（情景一），随公平关切程度的增加，谈判达成时收益分配系数 λ 值总体呈增加趋势，且在区间 [1.0，2.5] 内增加较为显著；仅施工方具有公平关切行为时（情景二），随公平关切程度的增加，谈判达成时收益分配系数 λ 值总体呈减小趋势，且在 0.5 和 2.5 处减小幅度较大。双方均具有公平关切行为时（情景三），随公平关切程度的增加谈判达成时收益分配系数 λ 值会出现波动，在波动过程中略有下降。

第三，仅设计方具有公平关切行为（情景一）及双方均具有公平关切行为（情景三）情景下，随公平关切程度的增加，谈判达成时所对应的系统优化净收益 λ 变化并不大；但是，仅施工方具有公平关切行为时（情景二），随公平关切程度的增加，谈判达成时所对应的优化净收益 V 总体呈减小趋势，且在公平关切程度大于 2.0 后减小幅度较大。由此可见，单方具有公平关切行为情景下，施工方的公平关切行为对项目优化净收益 V 影响更大。

（3）公平关切程度对双方所得净收益的影响

由式（6-33）、（6-34）可知，设计方及施工方所能获得的优化净收益与收益分配系数相关。将不同情景中不同双方公平关切程度下谈判达成时所对应的收益分配系数代入式（6-33）、（6-34）中，可得到三种情景中，不同公平关切程度下谈判达成时双方所能获得的优化净收益，如图 6-9 所示。

由图 6-9 可知，仅设计方具有公平关切行为的情况下（情景一），谈判达成时设计方净收益随其公平关切程度的增加总体呈上升趋势，而施工方所获得的净收益总体呈下降趋势。特别是主体公平关切程度大于 1.0 后，变化较为明显。仅施工方具有公平关切行为情况下（情景二），谈判达成时施工方净收益会随其公平关切程度增加而呈现增加的趋势，与此同时设计方所获的净收益总体呈下降趋势。特别是主体公平关切程度在 0.5 及 2.5 时，双方净收益会有较为明显的变化。双方均具有公平关切行为情况下（情景三），谈判达成时双方净收益会随公平关切程度增加而上下波动，但整体来看设计方净收益呈现略微下降趋势，施工方净收益呈现略微上升趋势。

综上所述，单方具有公平关切行为的情况下（情景一和情景二），随其公平关切程度的增加，具有公平关切行为一方净收益会有所增加，相应的没有公平关切行为的一方所能够获得的净收益会有所下降；双方均具有公平关切行为的情况下（情景三），双方所能够获得的净收益随双方公平关切程度增加而所

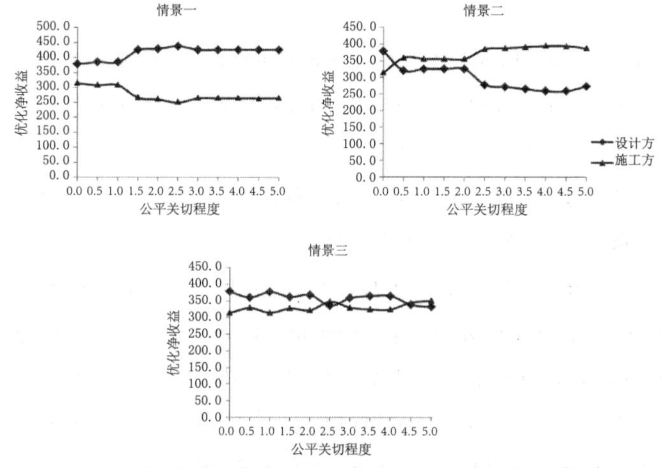

图 6-9　双方不同公平关切程度下谈判达成时所获得的净收益

Fig.6-9　Net incomes when negotiations are reached under different fairness concerns

有波动。虽然单方具有公平关切行为情景下，具有公平关切行为的一方净收益会随其公平关切程度的增加而增加，但与此同时，谈判达成时的谈判周期也在不断增加。因而，从项目优化角度来看，双方公平关切行为均应保持适度的原则。

6.5　本章小结

我国水利水电工程建设长期采用传统 DBB 交易方式，设计、施工分开进行，同时具备水利水电工程设计和施工能力的企业较少，往往是设计企业和施工企业组成联合体来承担水利水电工程总承包任务。然而，联合体是一个较为松散的合作组织，联合体成员均是独立法人企业，都以盈利为目的。总承包项目收益如何分配直接关系到双方能否紧密合作，以及总承包优势能否得以充分发挥。本章首先分析了水利水电工程总承包联合体的组成形式及联合体总承包形式的优越性；其次，基于博弈理论分析水利水电工程总承包收益在联合体成员之间的分配机制，并通过模拟计算分析了主体公平关切行为对收益分配的影响；最后，将谈判的思想引入收益分配中，建立了水利水电工程联合体工程总承包收益分配谈判模型，并进一步模拟分析了主体公平关切行为对谈判效果的影响。

本章参考文献

[1]　何磊．项目联合体总承包模式的收益分配理论及其应用研究 [D]．长沙：湖南

大学，2014.

[2] Culp G. Alternative Project Delivery Methods for Water and Wastewater Projects: Do They Save Time and Money? [J]. Journal of Leadership and Management in Engineering，2011（7）: 231−240.

[3] 王卓甫，丁继勇等．基于增值的水电工程总承包模式应用决策分析框架 [J]. 水力发电学报，2014，33（3）: 317−323.

[4] Parrod N，Thierry C，Fargier H，Cavaille J B. Cooperative subcontracting relationship within a project supply chain: A simulation approach[J]. Simulation Modeling Practice and Theory，2007，15: 137−152.

[5] Chauhan S S，Proth J M. Analysis of a supply chain partnership with revenue sharing[J]. International Journal of Production Economics，2005，97（1）: 44−51.

[6] Long Y，Peng J，Lwamura K. Uncertain equilibrium analysis on profits distribution between partner firms in competitive strategic alliances. Soft Compute，2009，13（2）: 203−208.

[7] 王安宇，司春林．基于关系契约的研发联盟收益分配问题 [J]. 东南大学学报(自然科学版)，2007，37（4）: 700−705.

[8] 赵晓丽，乞建勋．供应链不同合作模式下合作利益分配机制研究——以煤电企业供应链为例 [J]. 中国管理科学，2007，15（4）:70−76.

[9] 范德成，胡钰．造船供应链利益分配问题的 Shapley 值法分析 [J]. 哈尔滨工程大学学报，2014，35（5）:649−653.

[10] 温修春，何芳，马志强．我国农村土地间接流转供应链联盟的利益分配机制研究——基于"对称互惠共生"视角 [J]. 中国管理科学，2014，22（7）:52−58.

[11] 孙宝凤，杨华，韩伟．星形整车物流联盟的收益分配机制研究 [J]. 公路交通科技，2009，26（12）:142−147.

[12] Shang T C，Zhang K，Liu P H，et a1. What to allocate and how to allocate?—Benefit allocation in Shared Savings Energy Performance Contracting Projects [J]. Energy，2015: 60−71.

[13] Xu Y，Peng C，Wang C，Xie J，et a1. Benefit Distribution of the Agricultural Products Green Supply Chain Based on Modified Shapley Value [J]. Springer Berlin Heidelberg，2015，362:325−335.

[14] Parrod N，Thierry C，Fargier H，et a1. Cooperative subcontracting relationship within a project supply chain: A simulation approach[J]. Simulation Modeling Practice and Theory，2007（15）: 137−152.

[15] 管百海，胡培. 联合体工程总承包商的收益分配机制 [J]. 系统工程，2008，26（11）:94–97.

[16] 管百海，胡培. 重复合作联合体工程总承包商利益分配机制 [J]. 系统管理学报，2009，18（2）:172–176.

[17] 张云，吕萍，宋吟秋. 总承包工程建设供应链利润分配模型研究 [J]. 中国管理科学，2011，19（4）:98–104.

[18] 吕萍，张云，慕芬芳. 总承包商和分包商供应链利益分配研究——基于改进的 Shapley 值法 [J]. 运筹与管理，2012，21（6）:211–216.

[19] 胡文发，朱言，何新华. 工程项目承包商多层次利益分配与激励机制 [J]. 同济大学学报（自然科学版），2014，42（9）:1437–1443.

[20] Fehr E，Schmidt K M. A theory of fairness，competition and cooperation [J]. Quartedy Journal of Economies，1999，114（3）: 817–868.

[21] Ruffle B J. More is better，but Fair is fair: Tipping in dictator and ultimatum games [J]. Games and Economics Behavior，1998. 23. 247 265.

[22] Yiu T H，Zhang J J. Designing Pricing Contracts for Boundedly Rational Customers: Does the Framing of the Fixed Fee Matter?[J]. Management Science，2008，54（4）:686–700.

[23] Loch C H，Wu Y Z. Social preferences and supply chain performance: An experimental study [J]. Management Science，2008，54（11）:1835–1849.

[24] Pavlov V，Katok E. Fairness and coordination failures chain contracts[R]. Technical Report，Smeal college of Business，Penn State University，USA，2009.

[25] Cui H T，Raju J S，Zhang Z J. Fairness and channel coordination[J]. Management science，2007，53（8）: 1303–1314.

[26] Demirag O C，Chen F，Li J B. Coordinating a two–stage supply chain with nonlinear demand and fairness concerns[J]. European Journal of Operational Research，2010，207（3）: 1321–1326.

[27] 杜少甫，杜婵，梁樑，等. 考虑公平关切的供应链契约与协调 [J]. 管理科学学报，2010，13（11）:41–48.

[28] 孙玉玲，洪美娜，石岿然. 考虑公平关切的鲜活农产品供应链收益共享契约 [J]. 运筹与管理，2015，24（6）:103–111.

[29] 马利军. 具有公平偏好成员的两阶段供应链分析 [J]. 运筹与管理，2011，20(2): 37–43.

[30] 马利军，曾清华，邵新建. 幂函数需求模式下具有公平偏好的供应链协调 [J].

系统工程理论实践，2013，33（12）: 3009–3019.

[31] 李真，孟庆峰，盛昭瀚 . 考虑公平关切的工期优化收益共享谈判 [J]. 系统工程理论与实践，2013，33（1）:82–91.

[32] Murtoaro J，Kujala J. Project negotiation analysis[J]. International Journal of Project Management，2007，25（7）:722–733.

[33] Brett J，Thompson L. Negotiation[J]. Organizational Behavior & Human Decision Processes，2016，136:68–79.

[34] Yuan H，Ma H. Game Analysis in the Construction Claim Negotiations[J]. Procedia Engineering，2012，28:586–593.

[35] Leu S S，Pham V H S，Pham T H N. Development of recursive decision making model in bilateral construction procurement negotiation[J]. Automation in Construction，2015，53:131–140.

[36] Yiu T W，Keung C W，Wong K L. Application of equity sensitivity theory to problem–solving approaches in construction dispute negotiation[J]. Journal of Management in Engineering，2011，27（1）: 40–47.

[37] Chow P T，Cheung S O，Yiu T W. A cusp catastrophe model of withdrawal in construction project dispute negotiation[J]. Automation in Construction，2012，22（4）:597–604.

[38] 刘宏哲 . 基于 LSLP 法的技术贸易谈判博弈模型解析 [J]. 河北经贸大学学报，2013，34（4）:81–84.

[39] Fatima S，Wooldridge M，Jennings N. An Analysis of Feasible Solutions for Multi–Issue Negotiation Involving Nonlinear Utility Functions[J]. In: Proc. of 8th Int. Conf. on Autonomous Agents and Multi–agent Systems（AAMAS 2009），2009: 1041–1048.

[40] 李林，刘志华，章昆昌 . 参与方地位非对称条件下 PPP 项目风险分配的博弈模型 [J]. 系统工程理论与实践，2013，33（8）:1940–1948.

[41] Ren F，Zhang M. Bilateral single–issue negotiation model considering nonlinear utility and time constraint[J]. Decision Support Systems，2012，60（3）:29–38.

[42] Faratin P，Sierra C，Jennings N R. Negotiation decision functions for autonomous agents[J]. Robotics & Autonomous Systems，1998，24（3–4）:159–182.

[43] Yu C，Ren F，Zhang M. An Adaptive Bilateral Negotiation Model Based on Bayesian Learning [M]// Complex Automated Negotiations: Theories，Models，and Software Competitions. 2013:75–93.

第 7 章 结论与展望

7.1 研究结论和主要创新点

7.1.1 研究结论

多年来，工程界和理论界相当一部分人常将工程总承包方式与固定总价合同及其简单的治理结构联系起来，制约了工程总承包在政府投资、不确定性大的水利水电建设项目上的应用。本质上，工程总承包的最大优势是设计与施工结合，并为承包商优化工程提供动力、平台和空间，进而使项目增值。因此，一些不确定性大的水利水电工程可能更适合采用工程总承包。本书以项目增值为分析工具，研究水利水电工程总承包应用中的关键问题，包括工程总承包应用决策和与之匹配的合同计价方式设计及风险或利益的分配。

首先，在工程总承包与传统交易方式比较的基础上，重新界定了项目增值的概念：将交易风险视为负增值，并与利益统称为项目增值。其次，从工程交易要素分析入手，辨识了水利水电工程总承包增值途径，构建了水利水电工程总承包增值效果分析矩阵，进而提出了水利水电工程总承包应用决策准则，并探讨了水利水电工程总承包范围选择的问题。第三，通过比较经典的合同计价方式在增值分配方面的差异，借鉴谱分析等方法，提出了水利水电工程总承包合同计价方式设计方法，以及水利水电工程总承包合同计价方式可选方案集。最后，在分析承发包双方关系和目标差异的基础上，利用委托—代理理论，分离散和连续两种情况对项目增值分配的核心参数——增值分配比例进行了分析，并对实际水利水电工程总承包交易中增值分配比例的确定进行了探讨。

通过本书的研究，得出了以下主要研究结论：

（1）水利水电工程总承包是否适用需要进行科学决策，一种直接的方法是分析工程总承包相对于传统交易方式的潜在增值。工程总承包最大优势并不是采用固定总价合同，而在于设计施工一体化给总承包商提供优化平台和空间，工程总承包的最终目的是实现项目增值。基于这样的观点，本书以潜在增值为视角，提出了水利水电工程总承包应用决策准则，和以往工程交易方式决策方法相比，基于潜在增值的分析方法更为直接。

（2）水利水电工程总承包成功应用的关键因素之一是要设计出适应水利水电工程总承包特点的合同计价方式作为支撑，目标成本合同等激励型合同可作为备选方案。为满足水利水电工程总承包的需要，本书借鉴谱分析等方法，结合水利水电工程的特点，提出了水利水电工程总承包合同计价方式的设计方法和三种可选方案。

（3）水利水电工程合同计价方式设计中需要确定的核心参数——增值分配比例与承发包双方的风险态度等多方面因素有关，目前可由业主方根据自身风险态度和预测的承包方和项目本身相关信息在招标时提出，并告知潜在投标人，由投标人根据业主方提出的这一增值分配比例进行相应的报价（或报批准初步设计的“下浮率”），业主方与中标承包商根据事先确定的增值分配比例和承包方报价进行结算。在分析承发包双方关系和各自目标的基础上，本书利用委托—代理理论，分析承发包双方风险、利益均衡，提出了增值分配比例和相关影响因素的关系并讨论了实际工程交易中增值分配比例的确定方法。

（4）当前情况下，以联合体的形式参与水利水电工程总承包不失为一种良好的选择。然而，相应的工程总承包收益如何在联合体成员之间合理地分配是联合体合作的关键，关系到水利水电工程总承包优势能否得以充分发挥。本书基于博弈理论探讨了水利水电工程总承包收益在联合体成员之间的共享分配机制，以及主体公平关切行为对水利水电工程联合体总承包项目收益及其分配的影响。

7.1.2 主要创新点

本研究的创新之处包括：

（1）借鉴已有的工程管理相关理论，基于比较的视角提出了项目增值的概念，辨识了水利水电工程总承包增值途径及增值效果，基于建设工程交易要素提出了增值影响因素，进而构建了水利水电工程总承包增值效果分析矩阵，在此基础上，提出了水利水电工程总承包增值的估计方法，以及基于增值的水利水电工程总承包应用决策准则，为水利水电工程总承包应用决策提供了一个更为直接的分析框架。

（2）通过比较现行经典合同计价方式，揭示了不同合同计价方式的相似性和本质差异，以及合同计价方式设计的基本规律，基于谱分析等方法提出了水利水电工程总承包合同计价方式设计方法，以及面向增值分配的水利水电工程总承包合同计价方式可选方案，为水利水电工程总承包的成功应用提供支撑。

（3）基于委托—代理理论和确定性等值法，分离散和连续两种情况构建了水利水电工程总承包项目增值分配模型，提出了水利水电工程总承包项目增值分配比例的影响因素，并探讨了实际工程交易中增值分配比例的确定方法。

（4）基于博弈理论和模拟实验，揭示了主体公平关切行为对水利水电工程总承包联合体收益分配与共享谈判的影响规律，提出了联合体工程总承包收益共享谈判方法。

7.2 本研究的局限性与展望

水利水电工程总承包在我国的应用刚起步不久，很多基本问题缺少理论探讨，我国水利水电工程总承包中存在的问题还很多，本书的研究只是针对我国水利水电工程总承包应用决策、合同计价方式及风险 / 利益分配方面作了一些工作，限于现实条件及个人时间和水平，其中还存在不少局限性，有待进一步深入研究。

（1）本研究虽然基于增值提出了水利水电工程总承包应用决策准则，但是对增值的估计，仅提出了一个分析框架，缺乏科学方法和实际数据的支撑。如何在保证一定准确程度的前提下估计项目增值，是一个较为困难的问题，需要进一步研究。另外，在增值确定的基础上如何构建水利水电工程总承包应用决策模型，也是下一步研究中有必要关注的问题。

（2）目前我国水利水电工程基本采用固定总价合同，难以发挥工程总承包的优势，需要根据水利水电工程的实际特点，有针对性地重新设计或优化合同计价方式。对此本书提出了水利水电工程总承包合同计价方式的可选方案，对这些可选方案，有必要结合具体工程应用再做进一步系统而深入的研究，以确定它们的具体适用环境。水利水电工程总承包合同计价方式设计的系统性研究也有进一步研究的必要。

（3）本研究从理论上分析了水利水电工程总承包项目增值分配比例的确定问题。但是，由于模型较为复杂，相关参数较难确定，理论分析和实际工作还存在差距，因此针对水利水电工程总承包项目增值分配比例的研究还有待完善，有待提出操作性强的确定方法。

（4）本研究提出的项目增值是指在功能、质量要求不变的条件下，造价和工期目标上的项目增值，而本书主要研究的是造价降低方面的增值，对于工期方面的增值，也有待进一步研究。可以想象，同时考虑造价和工期上的增值后，模型将更加复杂，可尝试在本书基础上进行探索。

（5）对于水利水电工程总承包，其应用中的关键问题除了本书研究的内容外，还包括项目治理体系的优化或重构，这也是水利水电工程应用和推广过程中必须要有所突破的地方，也是未来进一步研究的方向。

在今后的工作学习中，笔者将继续关注水利水电工程总承包及其交易模式创新研究的发展动向，以及相关理论与实践的最新发展，并希望通过实践获得对水利水电工程总承包的深刻认识，积累经验，以期获得更为深入的研究成果。